SIEGFRIED SCHIELE
GOTTHARD BREIT

VORSICHT POLITIK

WOCHEN
SCHAU
VERLAG

Bibliografische Information der Deutschen Bibliothek

Die Deutsche Bibliothek verzeichnet diese Publikation in der Deutschen Nationalbibliografie; detaillierte bibliografische Daten sind im Internet über http://dnb.ddb.de abrufbar.

www.wochenschau-verlag.de

Satz und Layout: Klaus Ohl
Gesamtherstellung: Wochenschau Verlag
Gedruckt auf chlorfreiem Papier

Printed in Germany

ISBN 978-3-89974252-7

VORSICHT **POLITIK**

INHALT

5 EINFÜHRUNG
Demokratie ist etwas für alle

Der bekannte Quizmaster Günter Jauch stellte einmal über seine Landsleute fest, viele von ihnen seien klug und wüssten eine ganze Menge über alle möglichen Themen, nur im Bereich Politik hapere es regelmäßig. Da komme es vor, dass Leute den Bundestag für einen Feiertag hielten und den Begriff „Kabinett“ nur mit Wein in Verbindung brächten. Warum lassen so viele Menschen gleich den Rollladen herunter, wenn die Rede auf Politik kommt?

Politik erzeugt bei der Mehrzahl unserer Zeitgenossen Desinteresse, Gleichgültigkeit, Langeweile oder Ärger. Offenbar wird Politik heutzutage als eine lästige Sache angesehen, der man sich zwar nicht vollständig entziehen kann, mit der man aber wenig zu tun haben will. Das hat zur Folge, dass Politik in der Regel nur von Profis gestaltet und verantwortet wird. Denn ganz ohne Politik geht es ja nicht. Und so wird der Abstand zwischen den Politikern und denen, die nicht mitmachen, ständig größer.

Jährlich werden Umfragen über das Ansehen verschiedener Berufsgruppen in Deutschland gestartet. Während zum Beispiel die Mediziner regelmäßig einen Spitzenplatz im Ansehen der Bevölkerung einnehmen, rangieren Politiker stets am Ende der Skala, etwa auf dem gleichen Level wie Versicherungsvertreter. Es gibt schon zu denken, dass ausgerechnet die Berufsgruppe, die Gesetze erlässt und damit Einfluss auf unser Leben nimmt, so wenig Ansehen genießt.

Haben denn die Politiker im Laufe der letzten Jahrzehnte so viel falsch gemacht, dass sie kein Vertrauen verdienen? Oder liegt die Ursache für das Problem bei uns, den Bürgerinnen und Bürgern? Jedenfalls können wir festhalten, dass es im Verhältnis zwischen Bürgern und Politik nicht stimmt.

So haben sich diejenigen, die in früheren Zeiten von Demokratie geträumt haben, die Sache nicht vorgestellt. Dass ein Einzelner oder kleine Gruppen das Sagen haben, sollte ja gerade vorbei sein. Jetzt sollten alle mitreden und mitentscheiden können. Ist das nur blasse Theorie, die mit der Wirklichkeit wenig zu tun hat?

Lieber der Realität ins Auge sehen als sich etwas vormachen: Wir können wirklich nicht behaupten, dass entsprechend der Theorie von der Demokratie heute (möglichst) alle am politischen Leben teilnehmen. Davon sind wir weit entfernt. Auf dem politischen Spielfeld tummeln sich fast ausschließlich Spielerinnen und Spieler, die kaum Verbindung zu denen haben, die nicht mitspielen wollen oder können.

Ist der schlechte Ruf, den die Politik in der Regel bei uns hat, gerechtfertigt?

9 Weshalb gehen die Leute zur Politik auf Abstand?

Keine Zeit?

Für Politik haben wir kaum Zeit. Stimmt dieses oft gehörte Argument?

Bei einer Umfrage in der Innenstadt von Hannover wussten nur ca. 50 Prozent der Befragten, was die Abkürzungen „CDU“ und „SPD“ bedeuten, über 90 Prozent der Passanten dagegen kannten die Bedeutung von „GZSZ“. Warum ist die Vorabendserie „Gute Zeiten – Schlechte Zeiten“ bekannter als die Parteinamen „Christlich Demokratische Union“ (CDU) und „Sozialdemokratische Partei Deutschlands“ (SPD)? Offenkundig sehen viele Mitbürgerinnen und Mitbürger GZSZ gern, die Politik der Parteien dagegen wirkt abschreckend langweilig.

Manchmal ist Politik allerdings auch richtig spannend. Zum Beispiel findet sie im Wahlkampf mehr Aufmerksamkeit als sonst. 2005 sahen sehr viele Fernsehzuschauerinnen und -zuschauer das „Duell“ zwischen dem damaligen Kanzler Schröder (SPD) und seiner Herausforderin Merkel (CDU). Die Wahl am 18. September 2005 ging sehr knapp aus. Manch ein Zuschauer der „Elefanten-Runde“ wird sich erst während der Sendung über seine Stimmabgabe klar geworden sein. Vielleicht fiel die Entscheidung über den Ausgang der Bundestagswahl sogar während dieser Sendung.

Gerhard Schröder und Angela Merkel in der Fernsehsendung „Die Favoriten – Spitzenpolitiker im Kreuzverhör“ am 12.9.2005

Wer hat entschieden? Zunächst natürlich die beiden Politiker, die sich selbst und ihre Politik den Zuschauern so gut wie möglich präsentiert haben, letztlich aber wir, die wir Politiker und Politik beurteilt und danach gewählt haben. Die Einschaltquote bei dieser Wahlsendung lag um vieles höher als bei GZSZ. Bei dem bis dahin offenen Wahlausgang war jeder auf die beiden Politiker sehr gespannt. Wenn das Interesse für Politik geweckt ist, ist auf einmal auch Zeit dafür da.

Politische Auseinandersetzungen können mit einem Fußballspiel verglichen werden. Es gibt manche Gemeinsamkeiten. Viele Stadionbesucher sind Anhänger „ihrer“ Mannschaft und feuern „ihre“ Spieler an. In der Politik unterstützen die Anhänger und Mitglieder von Parteien ihre führenden Mitglieder.

Im Fußball kennen die meisten Zuschauer die Regeln des Spiels und wissen, um was es geht. Das Spiel findet vor den Augen der Zuschauer statt. Was auf dem Spielfeld abläuft, können sie sehen und dennoch bekommen sie nicht alles mit. Manches bleibt verborgen. Beleidigungen bleiben ungehört, und viele Fouls verspüren nur die betroffenen Spieler. In der Politik ist es ähnlich. Dank der Zeitungen, des Rundfunks und des Fernsehens können wir uns sehr gut über Politik informieren, doch alles erfahren wir natürlich nicht.

Es gibt allerdings auch deutliche Unterschiede zwischen Fußball und Politik. Im Fußball entscheiden fast allein die Spieler über den Ausgang des Spiels. In der Demokratie läuft das anders. Die Politiker kämpfen im Bundestag und anderswo mit- und gegeneinander, aber wir, die Zuschauer, entscheiden über Sieg und Niederlage in Wahlen. Um zu gewinnen, müssen die Politiker daher nicht nur Tore schießen, das heißt Aufgaben bewältigen und Probleme lösen. Sie müssen uns auch überzeugen, damit

sie in der Wahl unsere Stimme erhalten. Und das ist gar nicht einfach.

Zum Schluss jedoch der Hauptunterschied zwischen Fußball und Politik: Sieg oder Niederlage der eigenen Mannschaft entscheidet mitunter über die Stimmung am Wochenende. Ansonsten hat der Spielausgang aber keine Bedeutung für unser Leben. Politik dagegen greift tief in unser Leben ein. Wer die Politik bestimmt, ob sie/er es gut macht oder schlecht, das bekommt jeder von uns zu spüren – so oder so.

Auch wenn die Probleme, um die es in der Politik geht, oft schwer verständlich sind und im Vergleich mit ihnen GZSZ oder Fußballspiele unterhaltsamer und interessanter erscheinen, sollte man sich deshalb vielleicht doch häufiger mit Politik beschäftigen.

Kein Vertrauen in die politischen Akteure: Sie arbeiten nur in die eigene Tasche!

Umfragen haben ergeben: Politiker genießen in der Bevölkerung ein sehr niedriges Ansehen. Fragt man nach den Gründen für diese negative Einschätzung, dann kommen häufig zwei Antworten:

- Politiker verdienen zu viel.
- Es geht ihnen in erster Linie ums Geld.

POLITIKER VERDIENEN ZU VIEL

Verglichen mit dem Lohn und der Altersversorgung normaler Bürgerinnen und Bürger erhalten Politiker, die im Bundestag oder in einem Landtag sitzen, mit ihren Vergütungen (Diäten) sehr viel Geld.

Bei diesen Summen übersieht man aber: Die meisten Politiker schaffen gar nicht den Sprung in ein Parlament. Wer also in einen Landtag oder in den Bundestag einzieht, ist sehr erfolgreich. Die Position eines Abgeordneten entspricht mindestens der eines Chefarztes oder eines Bankdirektors. Dann aber erscheint die Entlohnung nicht überzogen. Der Chef der Deutschen Bank verdient über 13 Millionen Euro im Jahr, die Bundeskanzlerin und Bundestagsabgeordnete Angela Merkel kommt dagegen gerade mal auf etwa 250 000 Euro jährlich. Ein einfacher Bundestagsabgeordneter bringt es im Monat mit allem Drum und Dran auf gut 11 000 Euro. Ein Bundesliga-Fußballspieler erhält in der Regel wesentlich mehr Geld. Für viele Abgeordnete und Bürgerinnen und Bürger gleichermaßen ärgerlich ist der Umstand, dass sich die Parlamentarier selbst ihre Diäten er-

höhen. So sieht es aus, als ob sie Selbstbereicherung betreiben würden. Dann aber hätten sie wohl ganz anders „hingelangt".

POLITIKERN GEHT ES IN ERSTER LINIE UMS GELD

Die Versuchung ist groß, die Angebote sind oft sehr verlockend. Ein Abgeordneter erzählt: In einem Gespräch sagte der Vertreter eines Verbandes zu mir beiläufig: „Ach übrigens, wir haben Karten für das Tennismatch mit Boris Becker in Paris. Wir würden Sie gerne einladen. Das können Sie doch mit Ihrem Gewissen vereinbaren." Der Abgeordnete habe darauf geantwortet, er spiele Schach, Tennis interessiere ihn nicht.

Nicht jeder von uns wäre standhaft geblieben. Die Geschichte zeigt: Abgeordnete sind man-

cherlei Versuchungen ausgesetzt. Und nicht alle halten ihnen stand. Abgeordnete sind keine Übermenschen, sondern Menschen wie wir alle. Sie sind nicht besser, intelligenter oder anständiger als wir. Die Enttäuschung über sie rührt oftmals daher, dass in sie zu große Erwartungen gesetzt werden.

Und dann werden immer wieder Skandale bekannt. Zwei Abgeordnete erhielten von einem großen Autowerk Geld, ohne dafür irgendeine Gegenleistung erbringen zu müssen. Einfach so! Für jeden liegt die Erklärung nahe. Die Abgeordneten waren keine „Vertreter des ganzen Volkes" (Artikel 38 Grundgesetz), sondern Vertreter des Autowerkes. Sie waren an Aufträge und Weisungen, besser gesagt an Überweisungen des Werkes gebunden. Das Bekanntwerden dieser Praktiken beendete die politische Laufbahn der beiden „Werksvertreter".

Vertreter von Unternehmen oder Volksvertreter?

Das sind Ausnahmen. Über sie wird ausführlich in den Medien berichtet. Skandalgeschichten liest jeder gern. Danach drängt sich den Leserinnen und Lesern der Eindruck auf, viele Politiker seien halt so. Die meisten Politiker aber leben anständig und sind in keine trüben Machenschaften verwickelt, ebenso wie die meisten übrigen Bürgerinnen und Bürger.

Wachsamkeit ist angebracht. Politiker wollen gewählt werden. Sie werden sich umso weniger zu Schulden kommen lassen, je mehr sie sich von den Bürgerinnen und Bürgern kontrolliert fühlen. Unsere Aufmerksamkeit ist gefordert. Diese wachsame Haltung ist das Gegenteil von Politikverdrossenheit. Interessieren sich die Bürger für Politik und reagieren sie mit Empörung auf die Aufdeckung von Fehlentwicklungen und Missbrauch, dann werden Politiker nur schwer in Versuchung geraten. Schon um wiedergewählt zu werden, verhalten sich die Abgeordneten in ihrer überwiegenden Mehrheit anständig.

Hier kommt das Vertrauen der Bürgerinnen und Bürger ins Spiel. Wer aufmerksam die Politik und das Tun der Politiker verfolgt, handelt in dem Vertrauen darauf, dass in einem demokratischen Rechtsstaat Missbräuche und Verfehlungen ans Tageslicht kommen und – nicht zuletzt auf Druck der Öffentlichkeit – auch geahndet werden.

Freilich können Bürgerinnen und Bürger allein Korruption in der Politik nicht verhindern. Parteien und Parlamente müssen ständig auch intern einen Selbstreinigungsprozess durchführen.

Meine Mitwirkung hat sowieso keinen Wert

Bei Gesprächen über Politik kommt immer wieder rasch das Argument: Was sollen wir schon ausrichten gegen diejenigen, die aktiv Politik betreiben und im Bundestag oder in der Regierung sitzen? Da ist es doch besser, gleich die Hände davon zu lassen. Und was kümmern schon die Politiker die Sorgen der kleinen Leute?

Diese Argumentation kommt nicht ganz aus dem hohlen Bauch. Natürlich wäre die Vorstellung etwas naiv, dass jeder der Bundeskanzlerin seine Sorgen und Nöte schreiben könnte – und sie sich darum kümmern würde. In einem Volk von über 80 Millionen Menschen kann das nicht funktionieren. Jeder kann jedoch feststellen, dass es viel leichter ist, auf die Verhältnisse im persönlichen Umfeld, zum Beispiel in einer Gemeinde oder einer Stadt Einfluss zu nehmen. Soll ein Fußballstadion gebaut werden, bin ich mit dem Bau einer Umgehungsstraße einverstanden, müssten die Schulen renoviert werden? Das sind Fragen, die mich direkt berühren und deren Behandlung ich beeinflussen kann. Und der vermeintlich so kleine Einzelne wird erheblich größer, wenn er sich mit Gleich-

gesinnten zusammentut und die eigene Interessenlage klar zum Ausdruck bringt.

Was in der überschaubaren Politik einer Gemeinde direkt erfahrbar ist, läuft in der „großen Politik" grundsätzlich nicht anders. Über Parteien und Abgeordnete können Vorstellungen und Kritik aus dem Volk bis in die Bundeshauptstadt nach Berlin transportiert werden.

Dennoch gibt es im politischen Bereich tatsächlich auch nicht angebrachte hochnäsige Verhaltensweisen zu Überlegungen von einzelnen Bürgerinnen und Bürgern. Fehlverhalten gibt es überall, wo Menschen zusammenwirken, warum also nicht auch in der Politik? Wir sind uns aber bewusst, dass auf unserem Haupt stets die „Bürgerkrone" sitzt. So will es auch unsere Verfassung, die wir in Deutschland „Grundgesetz" nennen. Hier heißt es in Artikel 20:

„Alle Staatsgewalt geht vom Volke aus."

Nur dürfen Bürgerinnen und Bürger keine Angsthasen sein, wenn es um Politik geht. Vielmehr können wir in politischen Fragen auf Augenhöhe miteinander umgehen, und niemand braucht sich zu scheuen, seine Anliegen einzubringen. Freilich sollten auch Bürger und Gruppierungen bedenken, ob ihre jeweiligen Interessen mit dem Gemeinwohl verträglich sind.

Politik bedeutet offenbar nur Streit

Wer liebt schon Streit? Im Alltag versuchen wir, Streit zu vermeiden und ihm aus dem Weg zu gehen. Wenn es dann dennoch zuweilen richtig scheppert, sind wir froh, wenn die Scherben wieder zusammengekehrt sind und der Streit beigelegt ist.

Vor diesem Hintergrund hat die Politik schlechte Karten. Im politischen Bereich gibt es offenbar andauernd Streit. Politik erscheint gar

als eine Art Dauerstreit. Jede Partei will Recht haben und mäkelt ständig am politischen Gegner herum. Jede will sich durchsetzen. Darum gibt es etliche Leute, die die Parteien am liebsten abschaffen würden, wenn sie könnten. Ob das wirklich klug wäre?

Das Wort „Streit" hat für die meisten Menschen wegen ihrer persönlichen Erfahrungen einen schlechten Klang, vielleicht sollten wir daher besser von „Auseinandersetzung" oder „Konflikt" sprechen. Ganz harmonisch kann es in

der Politik gar nicht zugehen. Es wird immer unterschiedliche Vorstellungen darüber geben, wie man zum Beispiel die Arbeitslosigkeit wirksam bekämpfen oder wie man unsere Umwelt am besten schützen kann. Es lohnt schon, sich darüber den Kopf zu zerbrechen und nach den besten Argumenten zu suchen. Diese Auseinandersetzungen müssen öffentlich geführt werden, damit jeder selbst überprüfen kann, welche Argumente ihn am meisten überzeugen.

Natürlich muss es Regeln geben, die festlegen, wie die Auseinandersetzungen ausgetragen und entschieden werden. Und an diese Regeln müssen sich alle Beteiligten halten. Jeder politische Konflikt braucht schließlich einen Schlusspunkt. Nach langen Diskussionen muss es eine verbindliche Entscheidung geben. Die Entscheidung kann in der Regel nur durch eine Abstimmung gefunden werden:

Die Mehrheit entscheidet.

Das ist ein ganz wichtiger demokratischer Grundsatz im politischen Leben. Es ist manchmal hart, in der Abstimmung knapp zu unterliegen und die Niederlage akzeptieren zu müssen, aber die Alternative wäre Chaos mit womöglich gewalttätigen Auseinandersetzungen.

Mehrheit heißt aber nicht Wahrheit!

Wer in einer Abstimmung gewonnen hat, kann deshalb nicht behaupten, nun sei bewiesen, was wahr und unwahr sei. Mit der Mehrheitsentscheidung ist aber ein Weg gefunden, einen politischen Streit friedlich beizulegen. Das ist eine ganz fantastische Lösung, die sich immer wieder bewährt. Und in einer Demokratie ist es ja ständig möglich, um neue Mehrheiten zu kämpfen.

Über all dem täglichen Streit zwischen den Parteien wird leicht vergessen: In der Zustimmung zum Grundgesetz, zu Demokratie und Rechtsstaat stimmen (fast) alle Parteien und Politiker der Bundesrepublik Deutschland überein. Es liegt an uns Wählerinnen und Wählern, dass dies auch in Zukunft so bleibt.

In der Politik gibt es am laufenden Band faule Kompromisse

Auch dem Kompromiss wird in Deutschland nicht gerade gehuldigt. Er hat keinen guten Ruf. Wir denken sehr schnell an den faulen Kompromiss, an Kuhhandel, an feilschen und kungeln. Natürlich freut sich jeder, der in einer bestimmten Frage eine politische Meinung vertritt, wenn er diese möglichst ohne Einschränkungen durchsetzen kann. Das ist aber die absolute Ausnahme. Weil es im politischen Leben so gut wie immer mehrere Meinungen zu den jeweiligen Fragestellungen gibt, können diese Streitfragen nicht nach dem Schema „Entweder – Oder" gelöst werden. Das hätte bittere Auseinandersetzungen zur Folge: Hier die Guten – dort die Bösen. Ein friedliches Zusammenleben wäre nicht vorstellbar.

Da ist der Kompromiss geradezu ein Segen. Wenn man sich nicht einigen kann, muss jeder Abstriche von seinen eigenen Vorstellungen machen, damit eine Einigung möglich wird. Ohne eine solche Einstellung wären keine Koalitionen vorstellbar. Je nach Wahlergebnissen könnte vielleicht gar keine Regierung gebildet werden, wenn die Parteien keine Kompromisse eingehen wollten. Eine Einigung ist aber nur möglich, wenn die unterschiedlichen Partner

Schritte aufeinander zu machen und damit Abstriche von ihrem Programm in Kauf nehmen. Wer einen Kompromiss eingeht, kapituliert nicht, gibt seine Meinung nicht auf, sondern ist ein Realist, der Leute mit anderer Meinung zur Kenntnis nimmt und mit ihnen Vereinbarungen trifft. Meistens ist es zum Vorteil für alle, wenn faire Kompromisse geschlossen werden. Leider gibt es im politischen Leben trotzdem auch den Kuhhandel oder den faulen Kompromiss: Probleme werden nicht wirklich gelöst, sondern auf die lange Bank geschoben. Gerade bei Koalitionen besteht die große Gefahr, dass man sich nicht einigt, nicht kompromissfähig ist und eine möglicherweise bedeutsame Frage einfach ungelöst vor sich herschiebt. Auf der langen Bank sind Probleme nicht gut aufgehoben.

Wo sind nur die Vorbilder?

In einer Fernsehsendung stimmten die Zuschauerinnen und Zuschauer darüber ab, wer die oder der größte Deutsche sei. Das Ergebnis kam nicht ganz überraschend: Konrad Adenauer, der erste Bundeskanzler der Bundesrepublik Deutschland. Vieles spricht für diese Wahl. Der Wiederaufbau nach dem total verlorenen Zweiten Weltkrieg und die gelungene Aufnahme von Millionen Flüchtlingen stellen eine ebenso große Leistung dar wie die konsequente Eingliederung Deutschlands in den „Westen".

Die Entscheidung, Konrad Adenauer zum größten Deutschen (vor Einstein, Goethe, Bach und anderen) zu erklären, macht auf ein Bedürfnis nach Vorbildern in der Politik aufmerksam. Wer möchte sich nicht gern von einem maßvollen und charakterfesten Politiker mit Glück und Können führen lassen, einem Staatsmann, dem man vertrauen kann und bei dem man die politischen Geschäfte in guten Händen weiß? Weil man in der Gegenwart eine derartig herausragende Gestalt nicht sieht, schimpft man über die heutigen Politikerinnen und Politiker und verklärt vergangene Zeiten.

Bei diesem Rückblick wird manches ausgeblendet. Adenauer war ohne Zweifel ein sehr erfolgreicher Politiker, der sich von christlichen Werten leiten ließ. Er war frei von Verstrickungen im Dritten Reich (1933-1945). Sein Humor ist in vielen Anekdoten überliefert. Dabei gerät in Vergessenheit, mit welcher Härte der erste Bundeskanzler der Bundesrepublik Deutschland seine politischen Gegner bekämpft hat. In der Wahl seiner Mittel war er nun wirklich nicht zimperlich.

Konrad Adenauer, Bundeskanzler von 1949 bis 1963

Bundeskanzler Willy Brandt am 7.12.1970 vor dem Mahnmal im einstigen jüdischen Ghetto in Warschau. Mit seinem „Kniefall" legte Brandt den Grundstein für die deutsch-polnische Aussöhnung.

Bundeskanzler Willy Brandt (1969-1974) konnte insbesondere die Jugend für sich begeistern. Sein Kniefall in Warschau, der Jubel, den er bei seinem DDR-Besuch (am 19. März 1970) in Erfurt ausgelöst hat, die großen Reden im Bundestag („Mehr Demokratie wagen!") sind vielen Deutschen in Erinnerung geblieben. Die Ostpolitik von Willy Brandt (SPD) und Walter Scheel (FDP, Außenminister) hat viel zur Sicherung des Friedens in Europa und zur Überwindung der Teilung Deutschlands beigetragen. Willy Brandt ist aber auch der Kanzler, der seinen großartigen Wahlsieg von 1972 kaum zu nutzen verstand. Probleme blieben liegen, innenpolitisch tat sich wenig. Sein Rücktritt 1974 unter dem Eindruck einer Spionage-Affäre bildete den Schlusspunkt seiner Kanzlerschaft.

Wenn man sich intensiv mit Brandt oder mit Adenauer beschäftigt, dann scheinen sie – bei aller Anerkennung ihrer unbestreitbar großen Verdienste – nur bedingt als Vorbilder geeignet. Zu diesem Ergebnis gelangt man auch bei dem Präsidenten der USA Kennedy oder bei Nelson Mandela, die in der zweiten Hälfte des 20. Jahrhunderts viele Menschen überall auf der Welt begeistert haben. Auch wenn die Wirkung ihres Auftretens heute noch anhält und sie für ihre Leistungen immer noch bewundert werden, gibt ihr Leben keinen Anlass zu kritikloser Bewunderung.

Hinter der Klage über das Fehlen von Vorbildern in der Politik verbirgt sich der Wunsch, die Politik vertrauensvoll in die Hände von fehlerlosen Meister-Politikern legen zu können. Man braucht sich dann selbst um Politik nicht mehr zu kümmern und alles wird gut. Diese Vorstel-

Nelson Mandela, führender Anti-Apartheid-Kämpfer und erster schwarzer Präsident Südafrikas (von 1994 bis 1999)

lung beruht auf Illusionen. Politiker verdienen unsere Anerkennung, aber auch immer unsere Kontrolle und Kritik. Demokratie braucht bei aller Bewunderung für gute politische Führung politische Beteiligung.

John F. Kennedy, Präsident der USA von 1961 bis 1963

Nur in totalitären Staaten werden die Staatsführer durch ständige Propaganda hochstilisiert und erscheinen allgegenwärtig. So war z.B. das Bild Erich Honeckers in der DDR überall zu sehen.

Im Vergleich dazu erscheint es besser, dass heute über unsere Politikerinnen und Politiker offen geredet werden kann. Jeder kann über sie schlecht, aber auch ab und an gut sprechen.

Nur bedingt eignen sie sich als Vorbilder und niemand hält sie für Übermenschen. Aber wer ehrlich ist, gesteht sich ein, dass sie ihre Sache meist besser machen, als man selbst es könnte, und dass man nicht mit ihnen tauschen möchte.

Was tun eigentlich die Abgeordneten?

Besucher einer Landtags- oder Bundestagssitzung sind oft enttäuscht. Im großen Plenarsaal sitzen nur wenige Abgeordnete. Von der Regierung ist kaum ein Mitglied zu sehen. Die Rednerin oder der Redner müht sich am Pult ab und spricht engagiert über ein Thema, das einen selbst wenig interessiert und von dem man, wenn man ehrlich ist, fast nichts versteht. Um so mehr Zeit bleibt, die übrigen Abgeordneten zu beobachten. Lediglich das Präsidium hört konzentriert zu. Der Rest sitzt zum Teil schläfrig herum oder stört durch teilweise blamable Zwischenrufe. Einige lesen in Unterlagen oder in einer Zeitung, andere nehmen verstohlen ein Brötchen zu sich, telefonieren oder halten ein Schwätzchen. Die Minister auf der Regierungsbank, falls anwesend, bearbeiten demonstrativ konzentriert Akten. Die Rednerin/der Redner kann einem leidtun. Ein wenig mehr Aufmerksamkeit wäre schon angebracht.

Auch im Fernsehen ist das Erscheinungsbild des Parlaments nicht gut. Ein bekannter Oppositionspolitiker spricht und auf der Regierungsbank sitzt lediglich ein junger Staatssekretär, desinteressiert Zeitung lesend. Das herablassende Grinsen, mit dem Regierungsmitglieder auf die Angriffe und Vorwürfe der Oppositionsredner reagieren, erscheint vielen Zuschauern unpassend.

Andererseits ist eine Bundestagssitzung weder ein Gottesdienst noch eine Universitätsvorlesung. Hier werden keine Wahrheiten verkündigt; hier wird gestritten und um Mehrheiten gekämpft. Wenn man mit Zwischenrufen oder

Schwach besetzter Plenarsaal und leere Regierungsbank im Deutschen Bundestag in Berlin (oben)

Jugendliche verfolgen die Debatte während einer Bundestagssitzung in Berlin (rechts).

durch überhebliches Benehmen den Redner der gegnerischen Fraktion aus dem Konzept bringt und zu unüberlegten Äußerungen verleitet, dann bedeutet dies einen politischen Erfolg. Im Übrigen bildet der Inhalt der meisten Parlamentsreden keine Überraschung. Die Standpunkte der einzelnen Parteien/Fraktionen sind zumindest den anwesenden Abgeordneten bekannt. So hören sie nur mit halbem Ohr zu und gehen daneben noch anderen Beschäftigungen nach.

Die Reden zeichnen sich fast immer durch hohe Sachkenntnis aus. Wer sie in der Zeitschrift „Das Parlament" (in jeder Bahnhofsbuchhandlung erhältlich) nachliest, lernt so leicht die Unterschiede in den Positionen der einzelnen Parteien kennen. „Die reden ja doch alle das Gleiche!" – dieser oft gehörte Satz stimmt nicht.

Das schlechte Erscheinungsbild der Abgeordneten im Plenum lässt sich durch Selbstdisziplin und durch Änderung von Regeln verbessern. Dennoch werden wir auch künftig nur

selten einen vollen Plenarsaal erleben. Was tun eigentlich die vielen abwesenden Politiker?

Abgeordnete tummeln sich auf vielen Betätigungsfeldern. Da ist zunächst der Wahlkreis, den es zu pflegen gilt, wenn man wiedergewählt werden will. Wer sich im Wahlkreis wenig zeigt, muss zusehen, wie bei der Kandidatenaufstellung vor der nächsten Wahl ein eifriger Parteifreund den Vorzug erhält, man selbst abgewählt wird und aus dem Parlament draußen ist. Daher besucht ein Abgeordneter fleißig die Veranstaltungen seiner Partei vor Ort und sucht den Kontakt zu seinen Wählerinnen und Wählern. Er nimmt gerne Einladungen zu Schulfeiern, Vereinsfesten und anderen größeren Veranstaltungen an. Ein Besuch im Fußballstadion macht sich immer gut. Wichtig beim öffentlichen Auftreten ist, dass die Zeitung darüber berichtet – möglichst mit Foto. Hoffentlich hat die Ehefrau bzw. der Ehemann Spaß an Festen, sonst wird es schwierig.

Im Wahlkreis, aber auch in der Bundes- und Landeshauptstadt pflegt der Abgeordnete seine Kontakte zu den Medien. Wird er in der Zeitung erwähnt, ist er im Radio zu hören oder erscheint er im Fernsehen, dann bedeutet dies für ihn einen persönlichen Erfolg. Um Abgeordneter zu werden, muss er aktiv in der Partei mitarbeiten, denn von ihr ist er abhängig. Das wollen viele seiner Parteifreunde aber auch. Gegen sie muss er sich durchsetzen.

Ähnlich geht es in der Fraktion zu. Frisch gewählt und voller Stolz zieht der neue Abgeord-

nete ins Parlament ein – und fängt erst einmal ganz von unten an. Im Parlament gibt es viele Ausschüsse, wichtige und weniger wichtige. Um in einen begehrten Ausschuss wie den Haushaltsausschuss zu kommen, muss der Abgeordnete versuchen, durch Fleiß und Sachkenntnis positiv aufzufallen und an Mitbewerbern vorbeizuziehen.

Schließlich besitzt der Abgeordnete auch noch eine Familie. Sie kommt fast immer zu kurz. Die Woche über ist der Abgeordnete in der Bundeshauptstadt Berlin oder in der Landeshauptstadt. Nach einer langen, stressigen Heimfahrt wartet auf ihn ein Wochenende voller Termine. Für seine Wählerinnen und Wähler hält er eine Sprechstunde ab. Ein Stadtrat der eigenen Partei hat um ein Gespräch gebeten. Am Abend muss er eine „launige" Ansprache beim Ball eines Vereins halten und darf auch nicht gleich

Abgeordnete – die hohe Kunst, es möglichst vielen recht zu machen

… wie er selbst sein möchte

Ansprüche

… was manche seiner Wähler nach der Wahl von ihm denken

… wie ihn mancher politische Gegner gerne haben möchte

wieder verschwinden. Am Sonntag hat sich der Redakteur der Heimatzeitung zu einem Interview angesagt. Und in der Familie erwarten die Abgeordneten auch viele Probleme, deren

Erwartungen

... was viele seiner Wähler verlangen

Ansichten

... wie ihn seine Familie erlebt

Karikatur: Paul Labowsky

... was manche seiner Fraktionskollegen von ihm halten

Lösung Zeit braucht und die in der Regel nicht zur Zufriedenheit aller gelöst werden können.

Wer bei einem Parlamentsbesuch den Abgeordneten aus dem eigenen Wahlkreis im Plenarsaal vor sich hin dösen oder gar nicht sieht, sollte auch ein wenig die vielen anderen Bühnen sehen, auf denen ein Politiker gefordert ist. Ein Abgeordneter genießt viele Annehmlichkeiten; Zeit und Ruhe für ein stärkendes Familienleben besitzt er nicht.

Ich hab' doch keine Ahnung

Hand aufs Herz: Wenn Sie am Montag Ihre Zeitung aufschlagen, dann werden Sie sicher nicht mit dem politischen Teil beginnen. Da ist der „Sport“ mit den Ergebnistabellen und Spielberichten. Von Interesse sind die Nachrichten aus dem Regionalteil und natürlich auch die Anzeigen, einschließlich der Todesanzeigen.

All dies zu lesen erfordert Zeit. Zum Politik- und Wirtschaftsteil kommt man dann oft nicht mehr; diese Seiten werden rasch durchgeblättert und bleiben unbeachtet.

Viele Menschen finden keinen Weg zur Politik, weil sie glauben, dass sie zu wenig Ahnung haben. Für manche von ihnen ist das bestimmt nur eine billige Entschuldigung, um sich ungestört anderen Beschäftigungen hingeben zu können, die sie mehr interessieren. Andere aber schrecken tatsächlich deshalb vor dem politischen Leben zurück, weil sie das Gefühl haben: Hier sind wir restlos überfordert. Was soll man sich unter Hartz IV vorstellen? Wie sind die Vorschläge im Gesundheitsbereich zu unterscheiden? Was geschieht eigentlich in Brüssel? Welche Seite hat im Nahostkonflikt Recht? Und was bedeutet überhaupt „Globalisierung"? Das sind wirklich harte Brocken. Selbst Experten können sich daran die Zähne ausbeißen.

Nun wäre es eine absolute Überforderung, wollte man sich in alle politischen Probleme einarbeiten. In einer Demokratie brauchen sich die Bürgerinnen und Bürger nicht in allen Be-

reichen der Politik bestens auszukennen. Die Vorstellung von einem Volk der Alleskönner beruht auf einem Idealbild und hat mit der Wirklichkeit nichts zu tun.

Wer sich beruflich mit Politik beschäftigt, kann und soll tiefer in die Probleme eindringen als der Bürger X, der einem Beruf nachgeht und seine Familie hat. Nur: Ganz „abseilen“ vom politischen Leben sollte sich in einer Demokratie niemand.

Denn in der Politik geht es immer um Fragen, die für alle Bürgerinnen und Bürger von Belang sind. Das spürt man leider ganz besonders gut, wenn die Steuern erhöht werden. Und so schwer ist es nun auch wieder nicht, das kleine Einmaleins der Politik zu lernen. Es geht immer um Zielvorstellungen und um die Frage: Wer bekommt die Mehrheit, um diese Zielvorstellungen durchzusetzen? Es reicht also, wenn man im Großen und Ganzen einschätzen kann, in welchen Hauptpunkten sich die verschiedenen Parteien unterscheiden und welche den eigenen Interessen am meisten entsprechen.

Wer regiert, entscheiden wir, die Bürgerinnen und Bürger, in Wahlen. Vor der Stimmabgabe ist es gut zu wissen, weshalb man die eine Partei eher unterstützt und andere ablehnt.

Man kommt dahinter, wenn man beim Zeitunglesen auch den politischen Teil verfolgt und die Nachrichten im Fernsehen zur Kenntnis nimmt. Zusätzlich kann man sich in der Familie und im Kollegenkreis über politische Fragen unterhalten und sich so nach und nach seine politische Meinung bilden. Keine Ahnung von Politik zu haben, gilt nicht in unserer Demokratie. ←

39 Es gibt gewaltige politische Baustellen

Mit der Arbeitslosigkeit kann es so nicht weitergehen!

Die größten Sorgen bereitet uns Deutschen die Arbeitslosigkeit. Beinahe in jeder Familie ist mindestens ein Mitglied von diesem schweren Schicksal betroffen oder bedroht. Viele Deutsche haben Angst arbeitslos zu werden. Über mehr als 30 Jahre hat die Arbeitslosigkeit ständig zugenommen. Seit 2006 ist sie ein wenig zurückgegangen. Das genügt aber nicht. Wir dürfen uns nicht dauerhaft mit mehr als dreieinhalb Millionen Arbeitslosen abfinden. So kann es nicht weitergehen.

Was tut eigentlich die Politik im Kampf gegen Arbeitslosigkeit? Warum schafft sie keine neuen Arbeitsplätze? Und wird die Wirtschaft ihrer Verantwortung gerecht?

Es gibt vor allem im politischen Bereich energische Anstrengungen. Wer erfolgreich die Arbeitslosigkeit bekämpft, gewinnt die nächste Wahl. Schon deshalb geben sich alle Politiker in Berlin große Mühe. Aber das ist nicht so einfach. Den Lösungsweg, der sicher zum Erfolg führt, gibt es nicht. Wer dies behauptet, belügt die Bürgerinnen und Bürger. Auch wenn der Königsweg fehlt, heißt das nicht, dass gegen Arbeitslosigkeit nichts getan werden kann.

Jeder Einzelne von uns kann etwas tun, aber auch die Wirtschaft und der Staat sind gefordert. Wirksame Maßnahmen setzen Kenntnisse über Ausmaß und Ursachen voraus.

AUSMASS

Arbeitslos ist, wer als Arbeitsloser beim Arbeitsamt gemeldet ist. Diese Definition leuchtet ein und ist leicht verständlich. Ganz so einfach ist es aber nicht. Arbeitsloser ist nicht gleich Arbeitsloser. Viele haben schon nach wenigen Monaten Arbeitslosigkeit einen neuen Arbeitsplatz gefunden, häufig allerdings zu schlechteren Bedingungen als vorher.

Arbeitslose über 50 Jahre und viele Jugendliche dagegen tun sich schwer, Arbeit zu finden. Das eigentliche Problem sind die Langzeitarbeitslosen. Der harte Kern hat schon seit mehr als sieben Jahren keine Arbeit.

Arbeitslosigkeit in Deutschland
Zahl der Arbeitslosen in Millionen (Jahresdurchschnitte)
'91 '92 '93 '94 '95 '96 '97 '98 '99 '00 '01 '02 '03 '04 '05 '06 '07
2,60 2,98 3,42 3,70 3,61 3,97 4,38 4,28 4,10 3,89 3,85 4,06 4,38 4,38 4,86 4,49 3,78
Arbeitslosenquote* 2007 in % (Jahresdurchschnitt)
Mecklenburg-Vorp. 16,5
Sachsen-Anhalt 16,0
Berlin 15,5
Brandenburg 14,9
Sachsen 14,7
Thüringen 13,2
Bremen 12,7
Nordrhein-Westfalen 9,5
Hamburg 9,2
Niedersachsen 8,9
Saarland 8,4
Schleswig-Holstein 8,4
Hessen 7,6
Rheinland-Pfalz 6,5
Bayern 5,3
Baden-Württemberg 4,9
Quelle: Bundesagentur für Arbeit
*bezogen auf alle zivilen Erwerbspersonen
© Globus
1836

URSACHEN

Technische Neuentwicklungen haben viele industrielle Berufe überflüssig gemacht. Dreher waren früher wegen ihres Könnens und ihrer Erfahrung sehr gesucht. Heute wird die Produktion vielfach von Computern gesteuert. Viele Dreher sind überflüssig geworden – und arbeitslos.

Die ausländische Konkurrenz schläft nicht. Was früher in Deutschland hergestellt wurde, wird heute oft viel billiger in anderen Ländern wie Tschechien, China oder Indien produziert. Viele Arbeitsplätze sind deshalb bei uns weggefallen. Betriebe verlegen aus Kostengründen die Produktion in die östlichen Nachbarländer oder nach Asien.

Arbeitslose, darunter viele Jugendliche, werden auch wegen eines fehlenden Schul- bzw. Ausbildungsabschlusses nicht eingestellt. Zwar kann Bildung keinen Arbeitsplatz garantieren. Doch ohne ausreichende Schul- und Ausbildung ist man gegenwärtig so gut wie chancenlos.

Arbeit ist in Deutschland teuer. Diese Behauptung ist schwer zu glauben: Die meisten von uns kommen mit dem, was sie monatlich ausbezahlt bekommen, mehr schlecht als recht über die Runden. Die Nettolöhne sind auch nicht das Problem, sondern die Lohnnebenkosten. Die Beiträge für die Arbeitslosen-, Kranken- und Rentenversicherung treiben die Lohnkosten in die Höhe. Wir haben in Deutschland sehr viele Arbeitslose, Kranke und alte Menschen, die – obwohl nicht oder nicht mehr arbeitsfähig – das Recht auf einen gesicherten Lebensunterhalt haben. Diese Sicherheit sollen die Beiträge zu den Sozialversicherungen garantieren, die zusätzlich zu Löhnen und Gehältern bezahlt werden müssen. Sind die Bruttolöhne aber hoch, dann nimmt die Bereitschaft der Unternehmen ab, neue Leute einzustellen.

LÖSUNGEN

Wer nicht arbeitslos werden will, muss sich in Schule, Ausbildung und Beruf anstrengen. Nicht allen Jugendlichen ist das klar. Sorglos vernachlässigen sie die Schule und verbauen sich so die Zukunft. Auch Erwachsene müssen sich um ihre Weiterbildung kümmern. Anstrengungen bei der Weiterqualifikation garantieren keinen Arbeitsplatz, zumindest aber eröffnen sie Chancen.

Nicht nur der Einzelne, sondern auch Staat und Wirtschaft können etwas tun. Deshalb fordern Politiker: Der Staat sollte nicht gerade bei den Schulen sparen und er sollte mehr Lehrer einstellen, denn in kleineren Klassen können die

Schüler besser gefördert werden. Doch das kostet Geld und Geld für Bildung ist eine Investition für die Zukunft; der Erfolg stellt sich nicht

sofort ein. Forderungen nach Geld für Bildung bringen in der Gegenwart nur wenig Wählerstimmen. Wie der Ministerpräsident von Niedersachsen, Christian Wulff, sagte: Es ist für Politiker viel leichter zu sagen, was ankommt, als zu tun, worauf es ankommt.

Die Wirtschaft klagt gern über die geringe Qualifikation der Arbeitsplatzbewerber. Andererseits bleiben Jahr für Jahr viele Jugendliche ohne Ausbildungsplatz. Daraus leiten Politiker die Überlegung ab: Statt zu klagen, sollten die Betriebe und Unternehmen mehr Ausbildungsplätze bereitstellen.

Seit einigen Jahren bemüht sich die Politik darum, die Lohnnebenkosten zu senken, die Arbeit so billiger zu machen und damit den Unternehmen Neueinstellungen zu erleichtern. Derartige Reformen gibt es nicht zum Nulltarif. Wenn Sozialversicherungsbeiträge gesenkt werden sollen, müssen Leistungen für Arbeitslose, Kranke und Rentner gekürzt werden. Die davon Betroffenen sind nicht begeistert. Gedankt werden diese Bemühungen der Politik daher nicht. „Hartz IV“ oder „Gesundheitsreform“ sind zu Reizwörtern geworden; die meisten von uns schimpfen darüber, wenn auch jeder aus anderen Gründen. Für die Wiederwahl der Politiker sind die Reformbemühungen sicherlich nicht vorteilhaft, sie nutzen aber – hoffentlich – im Kampf gegen Arbeitslosigkeit. Ein Unterschied wird in diesem Zusammenhang deutlich: Oppositionsparteien tun sich leichter mit Versprechungen, die sie aktuell nicht einlösen müssen. Regierungsverantwortung drückt schwer.

Immerhin – es wird etwas gegen die Arbeitslosigkeit getan. Die meisten Beschäftigten nehmen für ihren Arbeitsplatz viel auf sich (Überstunden, lange Anfahrtswege, geringe Lohnsteigerungen, Weiterbildungsanstrengungen). Die Politik scheut auch vor unpopulären Maßnahmen nicht zurück, damit die Arbeitslosigkeit geringer wird. Und die Wirtschaft entlässt nicht nur, sondern stellt auch wieder neue Leute ein.

Zu viele Alte – zu wenig Junge: Wer soll da die Rente bezahlen?

In Deutschland werden die Menschen im Gesamtdurchschnitt immer älter. Gleichzeitig werden zu wenige Kinder geboren. Diese beiden Entwicklungen beunruhigen. Die Folgen sind nicht vorhersehbar. Wer wird künftig für die Renten aufkommen? Wer ist da, wenn Menschen im Alter nicht mehr für sich selbst sorgen können? Wer übernimmt Pflegeaufgaben?

In der öffentlichen Debatte ist Demografie, das heißt die Beschreibung der Bevölkerungsentwicklung, ein wichtiges Thema. „Baby-Schock –

Wir Deutsche sterben aus" – so titelte die BILD-Zeitung am 15.3.2006 und übertrieb damit maßlos. Wenn es 2050 zehn Prozent weniger Deutsche geben wird als heute, so sterben wir nicht aus. Andererseits kann die Bevölkerungsentwicklung in Deutschland nicht ignoriert

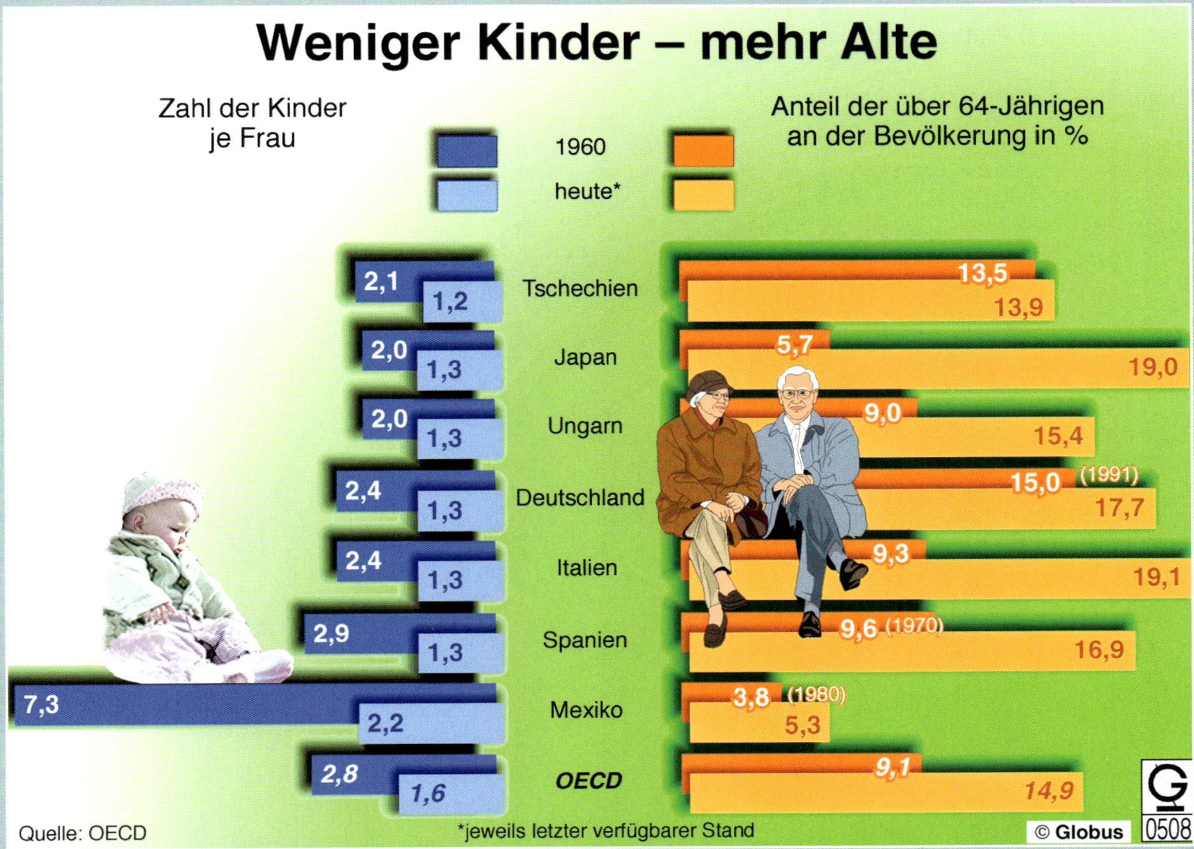

werden. Jede Stadt, jede Gemeinde ist von dem demografischen Wandel betroffen. Die Politik muss auf das Problem reagieren.

Bevor man an die Politik Forderungen stellt, tut man gut daran, sich mit Ausmaß, Ursachen und Folgen des Problems sowie mit möglichen Gegenmaßnahmen zu beschäftigen.

AUSMASS

Wie fast alle Industrienationen gehört Deutschland zu den Ländern, in denen die Bevölkerung schon seit langem abnimmt. In den weniger entwickelten Weltregionen hat dieser Prozess erst begonnen. Prognosen sagen für 2070 den Übergang vom Wachstum zum Rückgang der

Weltbevölkerung voraus. Deutschland ist dieser Entwicklung um ca. 100 Jahre voraus.

Nach den – meist zuverlässigen – Bevölkerungsprognosen werden in Deutschland im Jahr 2050 nur noch 69 Millionen anstatt 82 Millionen Menschen leben. Es klingt scheußlich, ist aber mathematisch exakt: Eine Geburtenrate von 2,1 Kindern pro Frau wäre notwendig, um die Einwohnerzahl konstant zu halten. Heute sind wir in Deutschland aber gerade mal bei einer Geburtenrate von 1,36 Kindern angelangt.

Zum demografischen Ungleichgewicht trägt auch die Zunahme der Lebenserwartung bei. Sie hat sich seit 1871 in Deutschland mehr als verdoppelt. In jedem Jahrzehnt werden die Deutschen um etwa zweieinhalb Jahre älter. Diese Entwicklung muss aber nicht so weitergehen und darf daher nicht einfach hochgerechnet werden.

URSACHEN

Die Hauptursache für die Überalterung unserer Gesellschaft ist der Rückgang der Geburtenrate. Wie in allen reichen Ländern geht auch in Deutschland die Geburtenzahl zurück. Für diese Entwicklung gibt es unterschiedliche Erklärungen.

Liegt es an der finanziellen Belastung, die Kinder für ihre Eltern bedeuten? Kinder kosten viel Geld. Außerdem fehlt noch die Summe, die eine Mutter/ein Vater nicht verdient, wenn sie/er sich um die Kinder kümmert. So ausschließlich ökonomisch denkt aber kaum jemand. Die meisten jungen Menschen wünschen sich Kinder – trotz der Kosten.

Manche sehen die Hauptursache in der Emanzipation. Bekommen Frauen keine Kinder mehr, weil sie zu emanzipiert sind? Wollen sie sich lieber im Beruf selbst verwirklichen als im Haus-

IHR HABT MICH DOCH NUR GEKRIEGT DAMIT SPÄTER JEMAND DA IST, DER EUCH PFLEGT!!
ABER NICHT DOCH HASI!!..ES GING AUCH UM DIE STABILISIERUNG DER SOZIALSYSTEME!!
T. PLAP
STERNSTUNDEN DER PÄDAGOGIK

halt für Kinder und Ehemann da zu sein? Auch diese Fragen enthalten mehr Unterstellungen als Erklärungen.

Hat die junge Generation Angst davor sich zu binden? Sind Beruf und Familie bei uns insbesondere für Frauen schwer zu vereinbaren? Fehlt es an Kinderbetreuungseinrichtungen? Fest steht, dass für Frauen Karrierechancen durch Kinder häufig eingeschränkt werden. Viele alleinstehende Frauen bezahlen das Kinderkriegen mit Armut und sozialem Abstieg.

Den jungen Leuten wird höheres Konsumbedürfnis und die Wertschätzung persönlicher Freiheit nachgesagt. Die Furcht vor Eingrenzungen führe bei vielen zur Kinderlosigkeit.

Dieses Problem kann man auch ganz anders sehen. Die Dynamik des Arbeitsmarktes mit seinen Forderungen nach flexiblen Arbeitszeiten und rascher Versetzbarkeit der Beschäftigten macht es jungen Menschen schwer, sich an einen Partner oder eine Familie zu binden. Kinder fördern nicht die Fähigkeit zu Anpassung und Mobilität. Sie dämpfen den Einsatzwillen, wie er in der Wirtschaft gefordert wird. Junge Mütter und Väter können nicht ausschließlich für die Unternehmen da sein. Auch ihre Kinder haben Anspruch auf sie.

Junge Frauen schließen relativ spät ihre Ausbildung bzw. ihr Studium ab. Nach dem Examen versuchen sie, eine sichere Stellung im Arbeitsmarkt zu erringen. Sind sie so weit, dann bleibt ihnen nur noch wenig Zeit zum Kinderkriegen. Das Zeitfenster dazu steht für sie nur wenige Jahre offen. Haben sie dann keinen Partner oder einen Mann, der keine Kinder haben will, bleiben sie oftmals trotz Kinderwunsch kinderlos.

Es ließen sich noch mehr Gründe für den Geburtenrückgang anführen. In der öffentlichen

Diskussion gilt derzeit als Hauptursache die Schwierigkeit für Frauen, Beruf und Familie miteinander zu verbinden.

FOLGEN

In Deutschland steigt die Zahl der älteren Menschen stark an; gleichzeitig nimmt die Zahl der Jugendlichen und der Erwachsenen im erwerbsfähigen Alter ab. Durch diese Ent-

wicklung sind die sozialen Sicherungssysteme (Arbeitslosenversicherung, Krankenversicherung, Rentenversicherung) starken Belastungen ausgesetzt.

Es besteht jedoch kein Grund zur Panik. Im vergangenen Jahrhundert hat sich die Zahl der Menschen, die älter als 65 sind, verdreifacht. Trotzdem geht es den meisten Menschen in Deutschland heute besser als früheren Generationen; wir sind insgesamt nicht ärmer, sondern reicher geworden. Zu Sorglosigkeit besteht allerdings auch kein Anlass. Schon bald können die Folgen der Bevölkerungsentwicklung zu ernsten Verteilungskonflikten führen.

MASSNAHMEN

Die Politik muss handeln. Sollen die sozialen Sicherungssysteme mit einer ständig sinkenden Zahl von Beitragszahlern und einer ständig zunehmenden Zahl von Empfängern handlungsfähig bleiben, müssen sie reformiert werden. Dies wird allen weh tun, und daher wird niemand über die politischen Entscheidungen begeistert sein. Durch Nichtstun aber lassen sich Probleme nicht aus der Welt schaffen.

Zur Zeit gibt es in der Bundesrepublik rund 51 Millionen Erwerbsfähige, von denen nur knapp 27 Millionen eine reguläre Arbeit haben und in die Sozialversicherungen einzahlen. Wenn die Arbeitslosigkeit drastisch eingedämmt werden könnte, wäre schon viel erreicht. Bei etwa 3,7 Millionen Arbeitslosen (2007) und Millionen von Unterbeschäftigten (Mini-Jobs, unfreiwillige Teilzeit) und Frührentnern könnte mit einem Rückgang der Arbeitslosigkeit leicht erreicht werden, dass deutlich mehr Menschen als heute in die Sozialversicherungen einzahlen. Eine erfolgreiche Beschäftigungspolitik kann in den nächsten Jahrzehnten die Folgen der demografischen Entwicklung für die Versicherungssysteme auffangen.

Dazu ist es aber notwendig, dass enorme Bildungsanstrengungen für die junge Generation unternommen werden und Leistungsbereitschaft geweckt wird. Angesichts der Bevölkerungsentwicklung können wir es uns nicht leisten 1,3 Millionen junge Menschen im Alter von 20 bis 29 Jahren ohne abgeschlossene Berufsausbildung zu lassen. Insbesondere Jugendliche nichtdeutscher Herkunft sind gegenwärtig oft schlecht qualifiziert. Nur mit einem Schulabschluss und einer Ausbildung werden sie Zugang zum Arbeitsmarkt erlangen.

Auch die Anhebung der Lebensarbeitszeit trägt zur Entschärfung des Rentenproblems bei. Mit Programmen wie „50 plus" wird gegenwärtig versucht, den über 50-jährigen Arbeitslosen eine Chance auf dem Arbeitsmarkt zu eröffnen. Wenn die Menschen immer länger leben, erscheint es vernünftig, dass sie auch länger arbeiten. Viele 70-Jährige sind heute körperlich und geistig so fit wie 60-Jährige vor 50 Jahren. Dieser Befund führte zu der kontrovers diskutierten Streitfrage: Was spricht dafür und was dagegen, das Renteneintrittsalter von 65 Jahren auf 67 Jahre anzuheben?

Durch den Abbau der Arbeitslosigkeit und die Erhöhung der Arbeitszeit lassen sich in Deutschland jedenfalls die Folgen des Bevölkerungsrückgangs zunächst einmal auffangen.

Viele sehen eine Lösung auch in der verstärkten Zuwanderung von Fremden. Die ausgedünnten jungen und mittleren Altersgruppen sollen durch Einwanderer verstärkt werden. Man darf sich diesen Weg aber nicht zu einfach vorstel-

len. Um „Fremde" rasch in die Gesellschaft aufzunehmen und deren Kinder gut auszubilden, bedarf es großer Anstrengungen. Diese Aufgaben wurden bislang vernachlässigt – unter anderem auch deshalb, weil es Deutsche gibt, die eine „Überfremdung" der Gesellschaft befürchten.

Jungen Menschen muss es erleichtert werden, im Beruf erfolgreich zu sein und gleichzeitig Kinder zu haben, in dieser Frage sind sich alle politischen Lager einig. Der Entschluss zu einem Kind wird immer die freie Entscheidung der einzelnen Individuen bleiben. Politik kann aber Mut machen. Sie kann die wirtschaftlichen und sozialen Rahmenbedingungen so verändern, dass es jungen Frauen und Männern leichter gemacht wird, sich ihren Kinderwunsch zu erfüllen. Derzeit eignen sich die Rahmenbedingungen nicht besonders dazu, diesen Wunsch zu fördern. Für eine alleinstehende Frau darf ein Kind nicht Armut bedeuten. Gegenwärtig (2007) gelten 40 Prozent von ihnen als relativ arm. Fast 17 Prozent der rund 11,5 Millionen Kinder in Deutschland leben in Armut.

Eine weitere politische Forderung lautet: Die Zeit für Schule, Ausbildung und Studium muss verkürzt werden. Wenn die Studenten mit 25 Jahren statt mit knapp 30 Jahren die Hochschule verlassen, dann erweitert sich das Zeitfenster, in dem eine Arbeit aufgenommen, eine Bindung mit einem Partner eingegangen, eine Familie gegründet und Kinder geboren werden können. Diese Entscheidungsphase nach dem Ende von Ausbildung und Studium wird zutreffend als die „Rush-hour des Lebens“ bezeichnet. Es muss gelingen, diese Zeit zu verlängern.

Es wäre möglich, den Trend sinkender Geburtenraten in Deutschland umzukehren. Island, Frankreich und die skandinavischen Länder haben das mit Erfolg gemacht. „Heute haben diese Länder mehr Kinder als wir. Es arbeiten dort mehr Männer und Frauen. Die Kinderarmut ist geringer, die Frauenarmut ist geringer“ (Frankfurter Allgemeine Zeitung, 19.8.2006, S. 1).

WAS KÖNNEN WIR TUN?

Was anderswo gelingt, kann auch bei uns gelingen. Viele der dazu notwendigen Maßnahmen sind nicht populär und daher politisch nur schwer durchsetzbar. Wahlen kann man damit eher verlieren als gewinnen. Nur wenn viele von uns ein angemessenes Problembewusstsein besitzen und sich an der Pro- und Kontra-Diskussion unaufgeregt beteiligen, wird „die Politik“ dazu bereit sein, über Lösungen nachzudenken und die unpopulären, aber notwendigen Entscheidungen zu treffen.

Verspielen wir die Zukunft? Wie bekommen wir das Problem der Erderwärmung in den Griff?

Der britische Physiker Stephen Hawking stellte vor kurzem die Frage: „Wie kann die Menschheit die nächsten 100 Jahre erleben?“ Ohne besondere Anstrengungen scheint das nicht gelingen zu können. Und wir sitzen nicht auf einer Zuschauertribüne, von der aus wir das

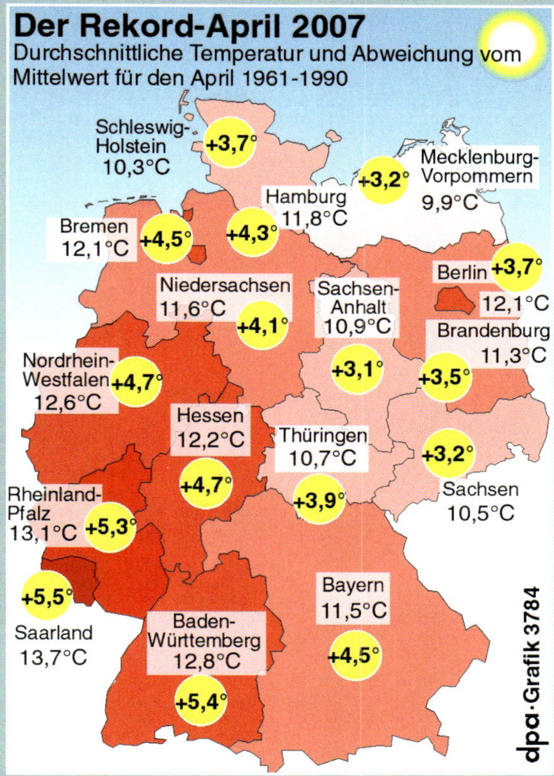

Spektakel betrachten können, sondern wir sind, ob wir wollen oder nicht, Mitspieler in diesem Geschehen. Es steht auch fest, dass wir allein nicht viel ausrichten können. Ohne die Politik

– im weltweiten Verbund – können wir die Probleme nicht meistern.

An dieser Stelle können nicht alle ökologischen Bedrohungen dargestellt werden. Daher wird als Beispiel das besonders dringliche Problem der Erderwärmung ausgewählt.

WAS IST MIT DEM KLIMA LOS?

Jeder Mensch kann spüren, dass ein Klimawechsel im Gang ist. Bevor wir aber spekulieren, halten wir uns an die beweisbaren Fakten: Die globale Erwärmung ist eine Tatsache!

In den letzten 100 Jahren hat sich die Temperatur der Erde um 0,8 Grad Celsius erhöht. In den nächsten 100 Jahren wird sich, wenn wir nichts unternehmen, die Temperatur der Erde sogar um bis zu 4,7 Grad Celsius erhöhen. Die Folgen: Die Eismassen ziehen sich zurück, der Meeresspiegel steigt und extreme Wetterereignisse häufen sich.

Es gibt einen klaren Zusammenhang zwischen dem von Menschen verursachten steigenden Ausstoß von Treibhausgasen – insbesondere Kohlendioxyd (CO_2) – und der globalen Erwärmung. CO_2 entsteht beim Verbrennen von Kohle, Öl und Gas. Wenn wir so weiterwirtschaften wie bisher, werden die Lebensbedingungen der nachfolgenden Generationen massiv verschlechtert. Das ist eine Tatsache und keine Panikmache. Die Daten sprechen eine eindeutige Sprache.

WAS IST ZU TUN?

Es ist notwendig, die Abhängigkeit unserer Volkswirtschaft von den fossilen Energieträgern Erdöl, Kohle, Erdgas nach und nach immer mehr zu verringern. Wir haben nur wenig Zeit

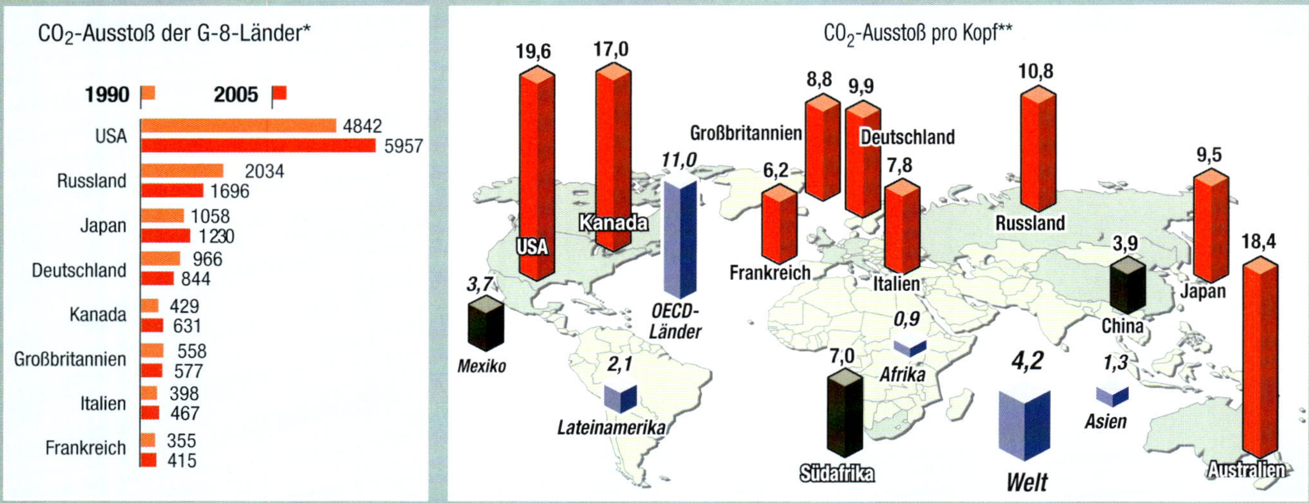

Weiter Weg zum weltweiten Klimaschutz

zum Handeln. Je früher – desto besser! Da ein Land allein das Problem der globalen Erwärmung nicht lösen kann, muss die internationale Zusammenarbeit in dieser Frage verstärkt werden. Das Ziel ist klar:

- Verringerung des Ausstoßes von Treibhausgasen auf einen Bruchteil der heutigen Menge und
- verstärkte Einführung erneuerbarer Energien.

Bei internationalen Konferenzen in Rio de Janeiro (1992) und in Kyoto (1997) gab es schon wichtige Anstrengungen in dieser Richtung. In Kyoto haben sich viele Staaten (auch Deutschland) klare Zielvorgaben zur Senkung der Treib-

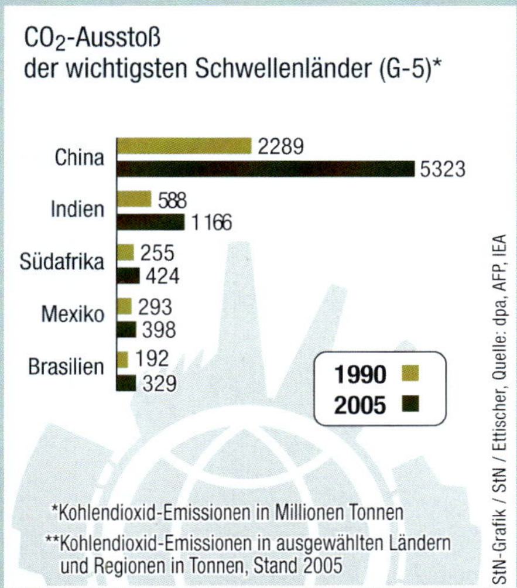

hausgase gesteckt. Allerdings haben sich so bedeutsame Staaten wie die USA und China bislang nicht daran beteiligt.

Wir sehen: Viele Probleme müssen auf der nationalen und internationalen Ebene angegangen werden. Da die Erderwärmung aber alle Menschen direkt angeht, sollten wir die Hände nicht in den Schoß legen, sondern als Bürgerinnen und Bürger Druck auf die Politik ausüben, damit sie engagiert die Klima- und Energiefrage zu lösen versucht.

Es gibt auch Bereiche, in denen jeder selbst direkt einen Beitrag zur Lösung der gewaltigen Probleme leisten kann, zum Beispiel durch den ernsthaften Beschluss zum Energiesparen. Durch eine gute Isolierung der Häuser kann viel erreicht werden, auch sparsame Autos tragen zur Lösung der Probleme bei. Wer auf den sinnvollen Umgang mit Energie achtet, findet zahlreiche Ansatzpunkte, Verschwendung zu stoppen – und dabei noch Geld zu sparen!

Es gibt noch viele andere ökologische Probleme, die gelöst werden müssen, beispielsweise die Frage der Wasserversorgung oder die Müllprobleme, vorrangig aber ist und bleibt die globale Erwärmung.

Krieg und Frieden

Friedenserhaltung gehört zu den wichtigsten politischen Aufgaben. Da wir in Deutschland schon über sechzig Jahre lang in Frieden leben, ist uns diese gewaltige Aufgabe im Alltag kaum bewusst. Vielleicht werden wir auf das Problem Krieg und Frieden aufmerksam, wenn die Bundeswehr wieder einmal zu einem Krisenherd in der Welt entsandt wird. Dann wird deutlich, wie viel Unfrieden es auf unserem Globus gibt. Die Einstellung: „Was haben wir mit den Problemen in aller Welt zu tun?" scheint fragwürdig, weil die Welt immer mehr zusammenwächst und damit kleiner wird. So sagte der damalige Verteidigungsminister Peter Struck im Jahr 2003: „Deutschlands Sicherheit wird auch am Hindukusch verteidigt."

Wir können uns von den kriegerischen Auseinandersetzungen in anderen Teilen der Welt nicht abschotten und die Augen zumachen. Das heißt nicht, dass nicht jeder Bundeswehreinsatz in einem anderen Land sorgfältig abgewogen und gründlich geprüft werden muss.

Das Thema „Krieg und Frieden“ steht aber in einem noch größeren Zusammenhang. Der rumänisch-amerikanische Schriftsteller Norman Manea spricht davon, dass der „Dritte Weltkrieg“ bereits begonnen habe. Auch der israelische Uno-Botschafter Dan Gillermann sieht die Welt schon in einem solchen neuen Weltkrieg. Als Datum für den Beginn könnte man den 11. September 2001 nennen.

Es ist umstritten, ob man wirklich schon von einem Dritten Weltkrieg sprechen kann. Unbestritten ist jedoch, dass es Terroristen und Fundamentalisten gibt, die sich auf die Religion

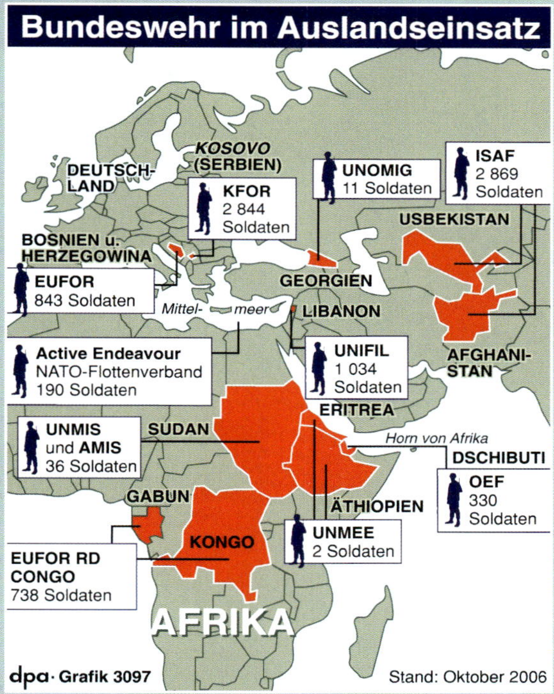

berufen, Welteroberungsfantasien haben, den Westen für schwach und dekadent halten und denen Menschenleben nichts bedeuten.

Dadurch sind Sicherheitsfragen für viele Länder in der Welt in den Mittelpunkt des politischen Handelns gerückt. Dabei geht es für Demokratien um die entscheidende Frage: Wie kann man ein Optimum an Sicherheit erreichen, ohne die Freiheit der Bürgerinnen und Bürger einzuschränken?

11. September

Trümmerszenario der verheerenden Terroranschläge auf das World Trade Center in New York vom 11.9.2001

Auch Deutschland hat ein großes Interesse daran, dass die weltweit schwelenden Brandherde gelöscht werden und dass es gelingt, ein friedliches Zusammenleben der Kulturen zu erreichen. Es sollte gelingen, die Terroristen

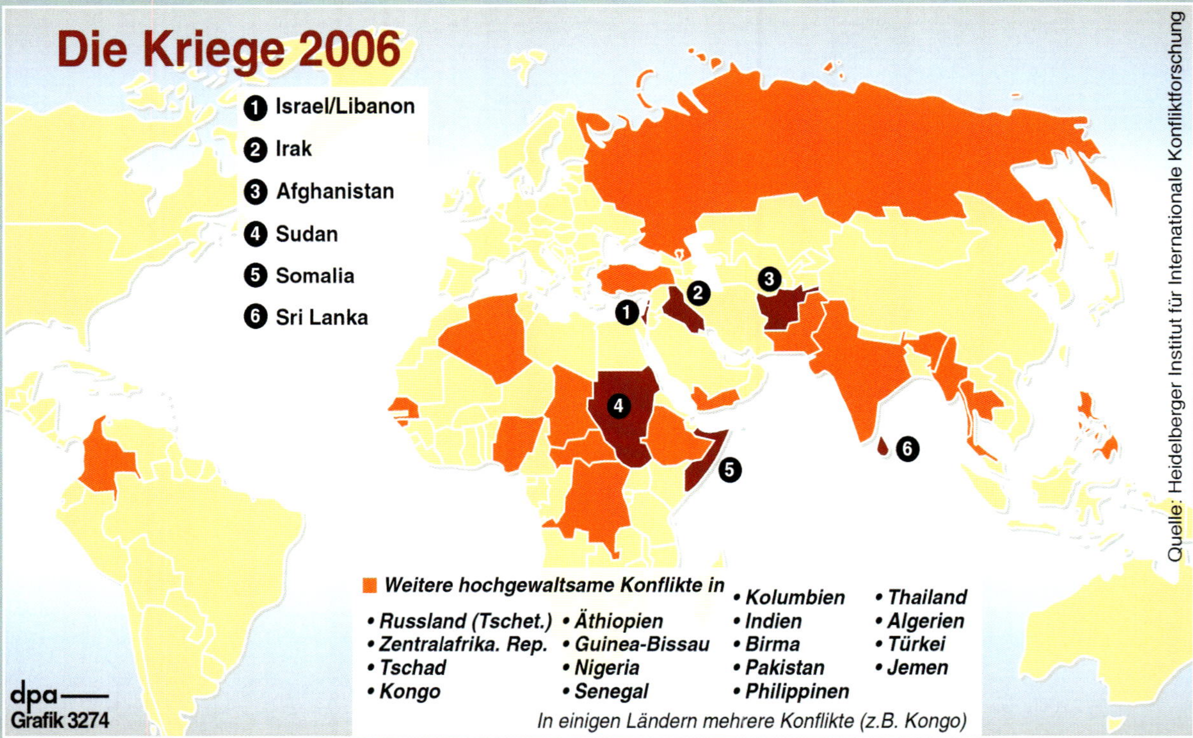

von der großen Mehrheit derer zu trennen, denen es um friedliche Religionsausübung geht. In Deutschland müssen wir darauf bestehen, dass die im Grundgesetz verankerten Grundwerte nicht aufgegeben werden. Sie stehen einem friedlichen Zusammenleben von Kulturen und Religionen nicht im Weg, sondern ermöglichen es.

Bei allen Schwierigkeiten, unsere Welt im friedlichen Gleichgewicht zu halten, darf man die

Hoffnung nicht sinken lassen. Deutschland und Frankreich haben zum Beispiel innerhalb von hundert Jahren dreimal erbitterte Kriege gegeneinander geführt und sind heute so freundschaftlich verbunden, dass ein weiterer Krieg unvorstellbar geworden ist. ←

Ex-Bundeskanzler Gerhard Schröder begrüßt den ehemaligen französischen Präsidenten Jacques Chirac in Berlin (4.6.2005).

69 Wie bearbeitet die Politik die Baustellen?

Jeder Bauherr freut sich, wenn die Zahl der Baustellen überschaubar bleibt. Noch besser ist es, wenn es Bereiche gibt, die so stabil und sicher sind, dass man sich nicht besonders um sie kümmern muss. Das sind im politischen Bereich die wichtigsten Grundlagen unserer Verfassung, zu denen zum Beispiel die Grundrechte gehören.

Es wäre doch furchtbar, wenn wir jeden Tag um die Meinungs- oder Religionsfreiheit kämpfen müssten. So wichtige Grundsätze sind in unserer Gesellschaft allgemein gültig und sie werden auch in der Regel parteiübergreifend verteidigt, wenn sie angetastet werden.

Erinnert sei an die Frankfurter Richterin, die beim Antrag einer Frau auf Prozesskostenhilfe für die Scheidung von ihrem marokkanischen Ehemann, der sie wiederholt geschlagen hatte, auf den Koran hinwies. Die Frau hätte, so die Richterin, wissen müssen, dass es nach dem Koran ein Züchtigungsrecht des Mannes gegenüber seiner Frau gebe. In der deutschen Öffentlichkeit gab es daraufhin einen Sturm der Entrüstung gegen den Hinweis der Richterin – die übrigens später ihre Äußerung bedauerte – quer durch alle Parteien und Gruppierungen unserer Gesellschaft. Das hat gezeigt, dass das Fundament unserer Gesellschaft in diesen Fragen nicht ins Wanken geraten ist.

Meistens geht es im politischen Alltag aber um Fragen, die umstritten sind. Eine schon seit Jahren stark diskutierte Baustelle ist – wie schon erläutert – die Arbeitslosigkeit. Im Ziel, die Arbeitslosigkeit zu senken, waren und sind sich alle Parteien einig. Die Wege, wie dieses Ziel erreicht werden sollte, sind nach wie vor stark umstritten. Immerhin konnte der Trend zu einer Zunahme der Arbeitslosigkeit inzwischen gebrochen werden.

Frau mit Kopftuch vor dem Frankfurter Landgericht

Das Gleiche gilt für zahlreiche weitere politische Baustellen wie den Umweltbereich oder die Bevölkerungsentwicklung: Die Parteien streiten – und das ist völlig normal – nicht über die Ziele, sondern über die Wege.

Ein Beispiel soll zeigen, wie eine politische Frage aufgegriffen und bearbeitet wird. Im Frühjahr 2007 gab es einen Streit um die Einrichtung von mehr Krippenplätzen in Deutschland. Hintergrund für die Auseinandersetzung ist der dramatische Rückgang der Geburtenzahlen. Familienministerin Ursula von der Leyen (CDU) kündigte an, bis 2013 in Deutschland die Zahl der Krippenplätze auf 750 000 zu erhöhen. Dann stünde für jedes dritte Kleinkind ein Betreuungsangebot bereit.

Die SPD schien gar nicht so glücklich über diesen Vorstoß der Ministerin, da in der Partei ähnliche Pläne diskutiert wurden. Sie hätte die große Aufmerksamkeit in den Medien gern selbst für sich verbucht. Als Partner in der großen Koalition aus CDU/CSU und SPD wollte sie auch einen Anteil am möglichen politischen Erfolg. Darum machte die SPD darauf aufmerksam, dass die Pläne der Ministerin von wichtigen Teilen der CDU/CSU gar nicht unterstützt, sondern auf die lange Bank geschoben würden.

An diesem Beispiel kann man gut erkennen, dass es für Politikerinnen und Politiker beim Streit um politische Fragen nicht nur um die Lösung von Sachfragen geht. Der Blick der Parteien richtet sich immer auch auf die nächsten Wahlen, bei denen sie möglichst viele Wählerinnen und Wähler für sich gewinnen wollen.

Bei der Auseinandersetzung um Inhalte geht es also immer auch um die Machtfrage: Bringt mir diese oder jene Frage Vorteile bei den nächsten Wahlen, wenn wieder entschieden wird, wer

Bundesfamilienministerin Ursula von der Leyen äußert sich gemeinsam mit einigen Ministerkolleginnen und -kollegen aus verschiedenen Bundesländern am 2.4.2007 in Berlin vor der Presse zum Ausbau der Betreuungsplätze für Kleinkinder.

die Mehrheit erringt und wie die Macht verteilt werden soll? Dieses Verhalten ist als Teil der demokratischen Mechanismen völlig normal. Ein erfolgreicher Politiker kann Probleme lösen und damit zugleich seine Stellung in Partei, Parlament und Regierung festigen.

Wir zögern in Deutschland, das Wort „Macht" in den Mund zu nehmen. Diese Zurückhaltung geht auf den schrecklichen Machtmissbrauch in der deutschen Geschichte zurück. Ganz unbefangen müssen wir jedoch feststellen, dass auch Demokratien auf Macht angewiesen sind. Eine machtlose Demokratie wäre wie ein zahnloser Tiger. Die Macht wird allerdings von den Wählerinnen und Wählern verliehen, und zwar nur auf Zeit. Und sie wird ständig kontrolliert.

In einer Demokratie gehört die Information über Pläne und anstehende Entscheidungen zu den Möglichkeiten und Pflichten der Bürgerinnen und Bürger. Bei der Frage der Krippenplätze kann man beispielsweise direkt im persönlichen Umfeld aktiv werden. Man kann mit Freundinnen und Freunden die Kommune oder bestimmte Träger in einer Gemeinde veranlassen, sich für Krippenplätze zu engagieren, oder sich mit denen auseinandersetzen, die andere Ziele bevorzugen.

Dieses Beispiel zeigt deutlich, dass Politik nicht nur „in Berlin" gemacht wird. In einer Demokratie heißt es immer auch: Es geht um deine Sache! In einer Demokratie bekommen die Wähler die Politiker, die sie verdienen – das gilt auch dann und gerade dann, wenn Bürgerinnen und Bürger sich verdrossen von der Politik abwenden. ←

Wahljahr 1994:

„Wählen gehen“ – eine Aktion der Zeitungen in Deutschland

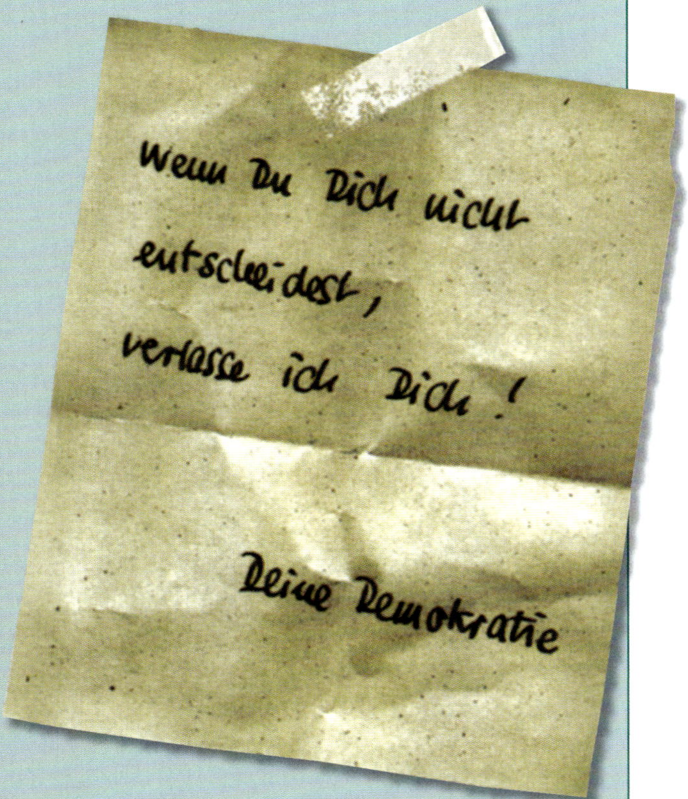

77 Politik nach demokratischen Grundsätzen

Demokratie hat manche Schwächen, aber etwas Besseres gibt es nicht

Die Demokratie ist teuer, umständlich, kompliziert, langweilig, nicht effektiv, nicht attraktiv. Es ist nicht schwer, weitere negative Eigenschaften über unsere Demokratie zusammenzutragen. Die Demokratie macht es den Kritikern recht leicht.

Und an der Kritik ist ja auch etwas dran. Demokratie ist tatsächlich eine recht teure Angelegenheit: So gibt es in Deutschland zum Beispiel den Bundestag und dazu noch 16 Parlamente in den Bundesländern. In diesen Parlamenten sitzen insgesamt etwa 2 500 Abgeordnete, die alle Diäten erhalten. Damit diese Parlamente arbeiten können, braucht man etliche Gebäude und Verwaltungen mit vielen Beschäftigten.

Dazu kommen dann noch die kostspieligen Regierungen im Bund und in den Ländern mit ihren Ministerien und riesigen Verwaltungsap-

Dienstwagen des Bundespräsidenten gefolgt von einem Sicherungsfahrzeug des Bundeskriminalamtes

paraten. So könnte man noch lange fortfahren, um den Beweis zu führen, dass Demokratie eine teure Sache ist.

Auch andere Mängel sind nicht leicht von der Hand zu weisen. Wenn die Regierung etwa eine gute Idee hat, um das Gesundheitswesen zu reformieren, kann sie nicht einfach Beschlüsse fassen, die dann in ganz Deutschland sofort umgesetzt werden. Sie muss vielmehr den schwierigen und langwierigen Weg durchs Parlament gehen, wo das Gesetzesvorhaben dreimal beraten und verabschiedet werden muss, und … und … und. Überall Vorschriften und Hindernisse, die sich einem beherzten Zugreifen in den Weg stellen.

Und so kommt es auch, dass viele Menschen die ganzen politischen Abläufe für umständlich und kompliziert halten. Sie schütteln darüber den Kopf, weshalb alles so lange dauert und oftmals trotzdem keine guten Ergebnisse bringt.

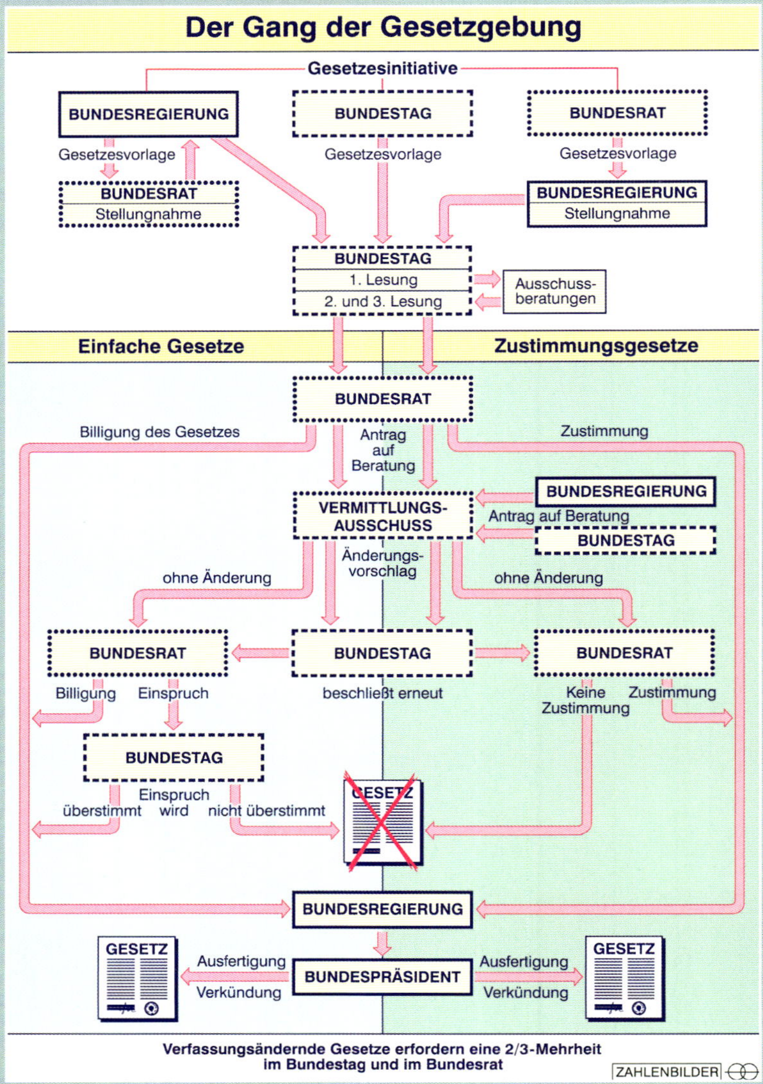
Der Gang der Gesetzgebung
Gesetzesinitiative
BUNDESREGIERUNG
BUNDESTAG
BUNDESRAT
Gesetzesvorlage
Gesetzesvorlage
Gesetzesvorlage
BUNDESRAT
Stellungnahme
BUNDESREGIERUNG
Stellungnahme
BUNDESTAG
1. Lesung
2. und 3. Lesung
Ausschuss-beratungen
Einfache Gesetze
Zustimmungsgesetze
BUNDESRAT
Billigung des Gesetzes
Antrag auf Beratung
Zustimmung
VERMITTLUNGS-AUSSCHUSS
BUNDESREGIERUNG
Antrag auf Beratung
BUNDESTAG
Änderungs-vorschlag
ohne Änderung
ohne Änderung
BUNDESRAT
BUNDESTAG
BUNDESRAT
Billigung
Einspruch
beschließt erneut
Keine Zustimmung
Zustimmung
BUNDESTAG
Einspruch überstimmt
wird
nicht überstimmt
GESETZ
BUNDESREGIERUNG
GESETZ
Ausfertigung
Verkündung
BUNDESPRÄSIDENT
Ausfertigung
Verkündung
GESETZ
Verfassungsändernde Gesetze erfordern eine 2/3-Mehrheit im Bundestag und im Bundesrat
ZAHLENBILDER

Wie soll Demokratie attraktiv sein, wenn sie soviel Geld kostet, wenn sie umständlich arbeitet und wenn die Ergebnisse zuweilen recht mager und oft auch unverständlich sind?

Werfen wir doch mal einen Blick auf eine Alternative: Eine Diktatur kann auf den ersten Blick viel einfacher und kostengünstiger sein. Ein Diktator braucht keine Parlamente, er kann sehr rasch entscheiden, in kurzer Zeit können viele Reformen umgesetzt werden. Ist das nicht attraktiver, zumal es einem warm ums Herz werden kann, wenn dann noch die Menschen begeistert sind und viele Fahnen die Zustimmung zum Diktator so richtig zum Ausdruck bringen?

Überlebende Häftlinge am Zaun eines Konzentrationslagers nach der Befreiung durch sowjetische Truppen 1945

Diese positive Betrachtungsweise kann sich schnell ändern, wenn Entscheidungen getroffen werden, die einem nicht passen, und man aus Angst vor dem Machthaber noch nicht einmal schimpfen darf. Oder wenn man zusammenzählt, was die Überwachungsgremien kosten, die sicherstellen sollen, dass keine abweichenden, unerwünschten Meinungen vertreten werden. Von der Misshandlung von Minderheiten und drohender Kriegsgefahr gar nicht zu reden. Haben nicht gerade die Deutschen schlimme Erfahrungen in ihrer Geschichte machen müssen? Das sollte für immer reichen! Die Demokratie erfüllt trotz der genannten negativen Eigenschaften einen großen Zweck: Sie sichert die Freiheit der Bürgerinnen und Bürger.

Im Zweiten Weltkrieg gefallener Soldat (Moskau 1941)

Abgeordnete aus unterschiedlichen Parteien in den verschiedenen Parlamenten sorgen dafür, dass neue Gesetze gründlich unter die Lupe genommen werden, ehe sie verabschiedet werden können. In einer Demokratie gibt es eine

Opposition, damit alle Vorgänge im Land ausreichend geprüft, kritisiert und kontrolliert werden. Der deutsche Föderalismus, der sich aus der Geschichte erklärt, hat viele Vorteile, wenn er auch sehr aufwändig ist. Ob wir aber in alle Ewigkeit 16 Bundesländer haben müssen, bleibt offen. Die Grundpfeiler unserer Demokratie – und dazu gehört der Föderalismus – dürfen jedoch nicht erschüttert werden, wenn unsere Freiheit keinen Schaden nehmen soll.

Auch im Privatleben heißt es ja: Was gut ist, darf auch etwas kosten. Im öffentlichen Bereich gilt dieser Grundsatz noch mehr.

Selbst wenn die Demokratie in unseren Augen manche Schwächen hat, so gibt es nach aller Erfahrung nichts, aber auch gar nichts, was die Freiheit der Menschen ähnlich wirkungsvoll garantiert und den Missbrauch der Macht verhindert.

Herrschaft oder Chaos

Die Würde des Menschen ist unantastbar.
Sie zu achten und zu schützen ist Verpflichtung aller staatlichen Gewalt.

Mit diesen Worten beginnt das Grundgesetz, die Verfassung der Bundesrepublik Deutschland. Worin besteht die Würde des Menschen? Die Frage ist nicht leicht zu beantworten. Auf jeden Fall gehört Freiheit dazu. Freiheit bildet den Grundanspruch menschlicher Würde.

Den Wunsch nach Freiheit hat einmal eine Zigarettenwerbung wunderbar zutreffend ausgedrückt. Ein Mann sitzt auf einer Bank und raucht. Darunter steht sein Ausspruch: „Heute mach ich das, was ich am liebsten mache: Nichts.“ Ein Leben frei von Zwängen ist leider auch in der Demokratie nicht vorstellbar. Jeder muss für seinen Lebensunterhalt sorgen, jeder muss mit seinen Mitmenschen auskommen. Auch in der Demokratie gibt es Herrschaft, der man sich unterordnen muss.

Aber: In einer Demokratie ist ein Leben in Freiheit noch am ehesten zu verwirklichen. In einer Diktatur bekommt man ständig gesagt, was man zu tun hat. Wer nicht gern marschierte, hatte es zum Beispiel in der Diktatur unter Hitler (1933-1945) schwer.

In einer Demokratie muss niemand marschieren, der nicht will, es sei denn, er oder sie leistet den Wehrdienst ab. Aber auch die Demokratie kommt nicht ohne Herrschaft aus. Obwohl das Volk herrscht, muss der einzelne Bürger ständig Regeln beachten, Pflichten erfüllen (Wehrpflicht, Schulpflicht, Erziehungspflicht) und Steuern zahlen. Niemand kann stets machen, was er gerade möchte; jeder fühlt sich von Zeit zu Zeit eingezwängt. Von Freiheit keine

Spur, sagen manche. Noch nicht einmal die Straße überqueren darf ich, wann ich will. Ich muss warten, bis die Ampel mir dazu die Erlaubnis erteilt. Wenn ich mich nicht daran halte und die Polizei das sieht, dann bin ich dran.

Wo bleibt meine Herrschaft als Demokrat? Wo bleibt meine Freiheit als der Grundanspruch meiner menschlichen Würde? Warum muss ich mich dem Lichtsignal einer Ampel unterordnen?

Die Enttäuschung, die in diesen Fragen zum Ausdruck kommt, ist nur zu verständlich. Auch ohne große Geschichtskenntnisse weiß man: Herrschaft bedeutete in der Vergangenheit zumeist nichts Gutes. „Die da oben“ haben gar nicht so selten ihre Herrschaft missbraucht, Verbrechen begangen, das Volk unterdrückt, es ausgebeutet und oft in verlustreiche Kriege hineingedrängt.

Warum kann eine Demokratie auf Herrschaft nicht verzichten?

Über den schlechten Erfahrungen mit Herrschaft übersieht man leicht die andere Seite, die Notwendigkeit von Herrschaft. Ein kleines Beispiel: In Frankreich gibt es einen schönen Brauch. Wenige Tage vor der Präsidentschaftswahl kontrolliert die Pariser Polizei die Verkehrsteilnehmer nicht mehr; sie stellt ihre „Herrschaft" ein. Jetzt ist der Fußgänger frei und kann die Straße überqueren, wann er will. Auch die Autofahrer sind frei und müssen keine Verkehrsregeln beachten. Diese Freiheit wird weidlich ausgenutzt. Selbst das strengste Parkverbot ist mit Autos zugestellt.

Die Freude währt nur kurze Zeit. Innerhalb weniger Stunden verwandelt sich der Stadtverkehr in einen einzigen großen Stau. Nur die Motorroller kommen durch, behandeln dafür allerdings die Fußgänger wie Freiwild. Alle ärgern sich übereinander. An die Stelle von Herrschaft tritt Chaos. Ohne großes Murren lassen daher die Bürgerinnen und Bürger nach der Wahl die Polizei ihr Regiment über den Stadtverkehr wieder aufnehmen. Das Beispiel zeigt: Ohne Herrschaft geht es nicht, denn das Leben im (Verkehrs-)Chaos ist für niemanden schön.

Bleiben wir beim Straßenverkehr. Hier kann jeder täglich die segensreiche Wirkung von Herrschaft selbst studieren. Kein Fußgänger wartet gern an der Verkehrsampel. Schaltet die Ampel aber auf grün, dann ist es ein gutes Gefühl, an den wartenden PKWs und LKWs vorbeizuspazieren. Warum halten die Autofahrer an und lassen die Fußgänger gefahrlos die Straße überqueren? Nur die wenigsten geben aus Höflichkeit, Anstand oder Rücksichtnahme den Fußgängern eine Chance. Die meisten warten, weil sie Strafen befürchten. Die Überwachung des Straßenverkehrs durch die Polizei bewirkt, dass Autofahrer und Fußgänger ans Ziel kommen. Herrschaft hat für Schwache eine segensreiche Wirkung!

Auch auf anderen Gebieten würde unser Leben ohne Herrschaft chaotische Züge annehmen. Daher ist auch in einer Demokratie Herrschaft notwendig. Diese Feststellung schließt nicht aus, dass unser tiefsitzendes Misstrauen gegenüber Herrschaft nur allzu berechtigt ist. Missbrauch von Herrschaft hat eben oft für das Volk nur Not und Tod bedeutet. Daher ist es die Aufgabe aller Demokraten, Herrschaft durch Wahlen zu bestimmen, zu kontrollieren und den Missbrauch zu verhindern.

Auf jeden Fall ohne Gewalt

In unserer Demokratie besitzt jeder „das Recht auf die freie Entfaltung seiner Persönlichkeit" (Artikel 2 Grundgesetz). Das klingt gut, führt aber zu vielen Auseinandersetzungen. Wenn wir uns frei entfalten, stoßen wir bald auf andere, die ihre Freiheit ebenfalls nutzen wollen. Jeder erlebt dies in seinem Alltag.

Der eine will am freien Samstag nach dem Mittagessen einmal ausschlafen. Im Haus daneben beginnt zur selben Zeit ein anderer Holz zu sägen. Moderne Technik ist mit viel Krach verbunden, mit dem Mittagsschlaf ist es deshalb vorbei. Die beiden Nachbarn haben miteinander ein Problem, das bewältigt werden muss. Eine Lösung scheidet von vornherein aus: Keiner von beiden darf gewalttätig werden. In einer Demokratie gilt nicht das Recht des Stärkeren.

Gelingt den beiden Kontrahenten keine friedliche Einigung, dann muss zur Streitschlichtung die Polizei gerufen werden. Sie wird die Rechtslage klären und so eine Lösung finden. Hält sich einer der Streithähne nicht an die getroffene Vereinbarung, kann die Polizei notfalls die Ordnung wieder herstellen. Dabei kann sie aber auch nicht willkürlich vorgehen und nach Lust und Laune den Gummiknüppel einsetzen. Das Vorgehen der Polizei ist sehr genau geregelt. Die Überwindung des Faustrechts ist ein großer Fortschritt auf dem Weg in eine zivilisierte Gesellschaft. Wir können heute weitgehend frei von Angst vor Gewalt zusammen mit unseren Nachbarn leben. Dafür müssen wir aber einen Preis zahlen. Wir müssen auf einen Teil unserer Freiheit verzichten. Auch wenn wir uns im Recht fühlen und stärker sind als der andere, darf niemand von uns gewalttätig werden.

Ohne Regelung durch Recht und Gesetz würden wir – auch bei guten Vorsätzen – diese Einschränkung unserer Freiheit mitunter durchbrechen. Gewaltfreiheit im Umgang der Bürgerinnen und Bürger untereinander kann nur erreicht werden, wenn jemand darüber wacht und sie notfalls mit Gewalt durchsetzt. Diese Aufgabe übernimmt der Staat. Er allein ist befugt Gewalt auszuüben. Er besitzt das Gewaltmonopol und setzt es durch, ist dabei aber an Recht und Gesetz gebunden. Mit dieser Aufgabe tut er sich leicht, wenn Demokraten von sich aus auf Gewalt verzichten – als Zuschauer beim Fußballspiel, als Besucher auf dem Volksfest oder auch als Teilnehmer bei Demonstrationen und politischen Versammlungen.

Welch einen Fortschritt Gewaltfreiheit bedeutet, kann gegenwärtig beinahe jeden Abend in der Tagesschau festgestellt werden. Im Irak zum Beispiel werden fast täglich Gewalttaten ausgeübt und viele Menschen getötet. Im Vergleich dazu erscheinen unsere Lebensverhältnisse geradezu paradiesisch angst- und gewaltfrei.

Polizisten eines Anti-Konflikt-Teams am Rande einer Demonstration

Figur der Justitia, der Göttin der Gerechtigkeit, auf dem Dach des Landgerichts in Halle an der Saale

Recht und Gerechtigkeit – Grundzüge des Rechtsstaates

Gerechtigkeit gibt es nur im Himmel. Mit diesem Stoßseufzer kommentiert mancher Bürger ihm unverständlich erscheinende Gerichtsurteile. Zweifel werden laut. Zuweilen haben milde Urteile gegen bekannte Personen mit viel Geld das Vertrauen der deutschen Bevölkerung in ihre Gerichte nicht gerade gefördert. Wie hieß es früher: „Die Kleinen hängt man und die Großen lässt man laufen."

Allerdings – um was es in dem jeweiligen Prozess eigentlich gegangen ist, hat außer den Juristen kaum jemand begriffen. Daher kann ein Nichtjurist den Ausgang des Verfahrens im Grunde gar nicht beurteilen. Und so ist gut möglich, dass alles mit rechten Dingen zugegangen ist. Das Recht ist heute so kompliziert geworden, dass der Normalbürger viele Urteile nicht mehr nachvollziehen kann. Dann kommt leicht der Verdacht auf, wer Geld hat und sich gute Anwälte leisten kann, käme vor Gericht besser weg als nicht so begüterte Prozessbeteiligte.

Es ist gut, dass viele Menschen mit großem Interesse Gerichtsprozesse verfolgen. So nimmt die Öffentlichkeit auch zur Kenntnis, dass prominente Angeklagte in der Untersuchungshaft um kein Haar anders behandelt werden als jeder gewöhnliche Häftling. Kaum jemand hat davon gehört, dass Richter bestechlich sind. Gegenwärtig ziehen so viele Bürgerinnen und Bürger wie noch nie zuvor vor Gericht. Trotz mancher Kritik setzt man offenkundig Vertrauen in die Tüchtigkeit und Unabhängigkeit der Gerichte.

Der frühere Bundestagsabgeordnete Hans-Jürgen Uhl verlässt begleitet von Justizbeamten und Polizisten das Wolfsburger Amtsgericht (14.6.2007). Er wurde im Zusammenhang mit der VW-Affäre um Lustreisen auf Firmenkosten wegen Beihilfe zur Untreue sowie falscher eidesstattlicher Versicherungen zu einer Geldstrafe verurteilt.

Ohne Recht kann es keine Demokratie geben. In einem rechtsfreien Raum würden die Schwachen leiden. Die Starken würden gewaltsam ihre Interessen durchsetzen. In einem Rechtsstaat müssen das die Schwachen nicht hinnehmen; sie kommen mit Hilfe staatlicher Gerichte zu ihrem Recht. So hat etwa eine Hausfrau mit Hilfe von Gerichten den Bau eines Atomkraftwerkes gegen den Willen eines großen Energieunternehmens verhindert. Das Recht ermöglicht Gewaltfreiheit und sichert den inneren Frieden. Vor Gericht sind alle gleich. Niemand besitzt Sonderrechte.

Freiheit und Gleichheit – Grundzüge des Sozialstaates

Alle Menschen sind vor dem Gesetz gleich (Artikel 3 Grundgesetz).

Alle Bürgerinnen und Bürger haben die gleichen Rechte zur politischen Beteiligung.

Niemand hat mehr Stimmen bei einer Wahl, weil er klüger ist als andere oder weil er mehr Geld besitzt. Damit hört die Gleichheit in einer Demokratie aber auf. Wir unterscheiden uns sehr. Wenige besitzen viel; die meisten besitzen ihrem Gefühl nach zu wenig.

Einige sind ganz arm dran. Ihre Freiheit nutzt ihnen nichts, wenn sie – selbst verschuldet oder unverschuldet – in Not sind und nicht mehr selbst für sich sorgen können. Damit auch sie ein menschenwürdiges Dasein führen können, sorgt der Sozialstaat für Solidarität der Menschen in der Bundesrepublik Deutschland untereinander. Die sozialen Sicherungssysteme sind das Kernstück des Sozialstaates. Arbeitslosengeld, Krankenversicherung, Rentenversicherung und Pflegeversicherung bieten eine Gewähr dafür, dass niemand ins Bodenlose abrutscht.

Der Sozialstaat Bundesrepublik Deutschland ist ein großer Erfolg. Wer arbeitslos, krank, alt oder ein Pflegefall wird, bekommt Unterstüt-

zung. Diese Leistungen gibt es aber nicht umsonst. Sie fallen nicht vom Himmel, sondern werden von denen bezahlt, die Arbeit haben, genauer gesagt, die in einem sozialversicherungspflichtigen Arbeitsverhältnis stehen. Sie bringen dafür Monat für Monat große Summen auf. Ein Blick auf den Gehaltszettel bestätigt diese Feststellung. Die Summe, die man brutto verdient, liest sich meist ganz passabel; im Vergleich dazu ist das, was man ausbezahlt bekommt, wenig.

„Ey Alte, ich werd' Hartz IV!" Mit diesem Zuruf an seine Lehrerin begründet ein Schüler, warum er nichts lernt, nur sporadisch im Unterricht erscheint und an einem Schulabschluss nicht interessiert ist. Wie andere Mitglieder seiner Familie beabsichtigt auch er sein Leben ohne Arbeit auf Kosten anderer zu verbringen. Dieses Leben hat durchaus angenehme Seiten. Während die einen um sieben Uhr oder noch früher zur Arbeit hasten, bleiben die anderen faul im Bett liegen und lassen die Frühaufsteher für sich arbeiten.

Die Freiheit ist in der Demokratie ein hohes Gut. Niemand kann zur Arbeit gezwungen werden. Aber – wenn zu viele auf Kosten anderer leben wollen, dann ist der Sozialstaat am Ende. Die Demokratie ist darauf angewiesen, dass die Bürgerinnen und Bürger arbeiten wollen und für sich selbst Verantwortung übernehmen. Die Demokratie ist kein Schlaraffenland.

Ebenso ist es mit der politischen Beteiligung. Niemand kann zur Mitwirkung an der Politik gezwungen werden. Niemand muss zu einer Wahl gehen. Wenn aber niemand mehr mitmacht, ist die Demokratie am Ende.

Mehrheit und Wahrheit sind zwei Paar Stiefel

Bekannt ist die Geschichte vom jüdischen Rabbi, zu dem nacheinander zwei Streithähne kamen. Dem Ersten gab er Recht. Danach sagte er dem Kontrahenten, dass er auch Recht habe. Als das ein Dritter hörte, ging er zum Rabbi und meinte: Das kann doch nicht sein, dass beide Recht haben. Der Rabbi entgegnete: Du hast auch Recht.

Wenn es schon im Alltag schwierig ist auseinanderzuhalten, was richtig und wahr ist, kann es im politischen Leben nicht leichter sein. Oft wird am Stammtisch und in politischen Diskussionszirkeln über politische Fragen gestritten, dass nur so die Fetzen fliegen. Jeder meint, nur seine Meinung sei richtig und maßgeblich und müsse zur politischen Richtschnur werden.

Dass Politik so nicht funktionieren kann, leuchtet ein. Hier gibt es kein richtig oder falsch. Wir können ja nicht endlos diskutieren und streiten, bis sich vielleicht eines Tages eine einheitliche Meinung herausbildet. In der Demokratie gibt es ein einfaches und wunderbares Instrument, einen Streit zu beenden: die Mehrheitsentscheidung.

Es ist sinnvoll, dass bei Fragen, bei denen eine Einigung nicht möglich ist, die Mehrheit entscheidet, wie verfahren werden soll. Deshalb versuchen ja die Parteien bei den Wahlen,

„Tut mir leid, Herr Direktor – aber wir haben darüber abgestimmt."

Mehrheiten zu bekommen, um dann die Regierung bilden zu können. Da es in einer Demokratie nur Macht auf Zeit gibt, können die unterlegenen Parteien versuchen, bei den nächsten Wahlen die Mehrheit hinter sich zu scharen. Bis dahin füllen sie wichtige Funktionen der Opposition aus. Sie kontrollieren die Regierung und führen der Bevölkerung stets eine mögliche Alternative vor Augen.

Nicht jede Frage muss mit Mehrheit entschieden werden. Unter politischen Gegnern sollte man immer auch ausloten, ob ein Kompromiss unter allen Beteiligten möglich ist. Der Kompromiss wird oft zu Unrecht verteufelt, kann aber zuweilen Frieden stiftende Funktionen haben.

Nur dann kann man von einem schäbigen Kompromiss oder gar Kuhhandel reden, wenn in einer Vereinbarung Dinge verknüpft werden, die nichts miteinander zu tun haben. Das ist zum Beispiel der Fall, wenn in einer Kommune eine Gruppierung auf der Suche nach einer Mehrheit einer anderen Gruppe folgenden Handel vorschlägt: Wenn ihr für die Umgehungsstraße stimmt, bekommt ihr die Position des stellvertretenden Bürgermeisters.

Wenn sich die politischen Fronten trotz Mehrheitsentscheidung und Kompromiss immer wieder verhärten, dann hat das damit zu tun, dass sich die verschiedenen politischen Lager zuweilen darauf berufen, sie hätten die Wahrheit auf ihrer Seite.

Wir könnten jedoch demokratische Politik gar nicht gestalten, wenn es bei politischen Auseinandersetzungen um die Wahrheit ginge. Niemand kann sich in der Politik darauf berufen, er verfüge über die Wahrheit. Die Frage der Wahrheit gehört nicht in den Bundestag, sondern bewegt Philosophie und Religionen. Die Berufung auf letzte Wahrheiten in der Politik wäre ein Rückfall in Zeiten, wo ein König, die Kirche oder ein Diktator festlegten, was wahr ist. Und die Untertanen hatten nach der jeweiligen Pfeife zu tanzen.

Natürlich versuchen alle, die politisch tätig sind, ihre Beschlüsse so zu fassen, dass sie zu den überprüfbaren Fakten nicht im Widerspruch stehen. Diese Bemühungen sind aber weit entfernt von einem Wahrheitsanspruch, der keine anderen Meinungen mehr zulässt. Es ist auch für diejenigen, die bei einer Abstimmung unterliegen, tröstlich, der Meinung zu sein, dass sie trotz der gegen sie erfolgten Mehrheitsentscheidung politisch in der Sache richtig liegen und eines Tages die Mehrheit hinter sich bringen können.

Wir sind ein großes Volk: Es geht nicht ohne Vertretung

In unserer Verfassung, dem Grundgesetz, heißt es:

„Alle Staatsgewalt geht vom Volke aus."

(Artikel 20 Grundgesetz)

Das muss auch so sein, weil in einer Demokratie das Volk das Sagen hat. Wie kann das aber in einem Volk von über 80 Millionen Menschen funktionieren? Die Staatsgewalt geht vom Volke aus, aber wo geht sie hin?

Das Volk ist als ganzes nicht handlungs- und entscheidungsfähig. Es kann keine komplizierten Probleme lösen, weil ihm dazu in den meisten Fällen die Zeit und das Fachwissen fehlen. Deshalb gibt es die Macht an andere weiter, die sie stellvertretend für das Volk ausüben. Das sind unsere Repräsentanten (Abgeordnete), die wir durch Wahlen bestimmen.

Sie behalten ihre Aufgabe – je nach Regelung im Bund oder in den Ländern – vier oder fünf Jahre lang und müssen sich dann erneut dem Souverän, den Wählerinnen und Wählern stellen. Sie werden entweder bestätigt oder abgewählt. Schon aus rein praktischen Gründen benötigt das Volk also Vertreterinnen und Vertreter. Von diesen kann man auch erwarten, dass sie sich in der Politik gut auskennen, selbst komplizierte Sachverhalte durchdringen können und

Politische Meinungsäußerung kann massenhaft erfolgen (Demonstration in Berlin 1968), die Entscheidungsfindung in konkreten Sachfragen nur über Repräsentanten (Bundestagspräsident Norbert Lammert im Bundestag).

Kontakt zu denen halten, die sie ins Parlament gewählt haben.

Kümmern sich die Abgeordneten nach der Wahl nicht mehr um die Meinung der Wählerinnen und Wähler, dann sind sie abgehoben von der Basis, hängen gleichsam in der Luft und erzeugen gleichzeitig Frust beim Volk. Denn wenn die Macht nur alle paar Jahre in den Wahlen vom Volk ausgeht und ansonsten absolute Funkstille herrscht, dann gerät unser System der Volksvertretung, das repräsentative System, ins Wanken.

Die Verbindung von Wählerinnen und Wählern mit den Gewählten ist freilich keine Einbahnstraße. Auch die Bürger können und sollen sich politisch informieren. Sie können sich jederzeit an Abgeordnete wenden, Anregungen weitergeben, Leserbriefe schreiben, Kritik organisieren. Mit ein bisschen Fantasie, Selbstvertrauen und gutem Willen können die Bürger sich jederzeit einmischen und müssen nicht glauben, sie seien nur bei den Wahlen als „Stimmvieh“ wichtig. Auf der anderen Seite ist klar, dass gewählte Abgeordnete auf Grund ihres Mandats auch selbstständig politische Initiativen entfalten können. Sie können und müssen sich nicht wegen jeder Aktivität bei ihren

Vorsitzende der im Bundestag vertretenen Fraktionen

Volker Kauder (CDU/CSU)

Peter Struck (SPD)

Wählern rückversichern, ob diese auch einverstanden sind. Unser System, das auf Vertrauen und Vertretung fußt, würde sonst gelähmt und ausgehöhlt. Dieses System birgt also auch ein Risiko, das wir ganz bewusst in Kauf nehmen.

Dennoch rühren viele Probleme, die es derzeit in unserer Demokratie gibt, daher, dass viele Leute glauben, der Graben zwischen gewählten Politikern und dem Volk sei zu groß geworden. Der Graben kann von beiden Seiten zugeschüttet werden.

Manche wollen den Graben dadurch verkleinern, dass sie das Volk auch in der Zeit zwischen den Wahlen durch Volksbegehren und Volksentscheid mitbestimmen lassen wollen. Diese Möglichkeit, die es in Städten und Gemeinden

Guido Westerwelle (FDP)

Renate Künast/Fritz Kuhn (Die Grünen)

Gregor Gysi/Oskar Lafontaine (Die Linke)

sowie in manchen Bundesländern bereits gibt, sieht unser Grundgesetz auf Bundesebene bis jetzt nicht vor.

Nach dem Zweiten Weltkrieg war die Erinnerung an die erste Demokratie in Deutschland, die Weimarer Republik (1918-1933), noch stark. Dort haben Demagogen Konjunktur gehabt und das Volk nicht aufgeklärt, sondern aufgewiegelt. Und wie wäre die Lage heute? Wie wäre es, wenn wir zum Beispiel in einer Volksabstimmung über die Todesstrafe entscheiden würden? Würde dann Artikel 102 des Grundgesetzes „Die Todesstrafe ist abgeschafft" bestehen bleiben?

In der Schweiz sind Volksentscheide möglich und üblich. Die Schweiz jedoch ist viel kleiner als Deutschland und kann auf ungebrochene Traditionen zurückblicken. Andere sehen die Zukunft in einer „E-Demokratie", in der PC und

Internet neue Möglichkeiten zur Belebung unserer Demokratie bieten und den Abstand zwischen Volk und Abgeordneten verringern könnten. Bei aller Offenheit für eine Weiterentwicklung unserer Demokratie ist Skepsis angebracht, ob wir unser repräsentatives System durch neue technische Möglichkeiten entscheidend voranbringen können. ←

103 Das betrifft alle

In Europa herrscht Friede – nicht ganz von selbst

Die Geschichte Europas ist eine Geschichte von Kriegen. Zu allen Zeiten wurden Kriege geführt, innerhalb von Völkern und von Völkern gegeneinander. Franzosen und Deutsche haben – viel zu oft – miteinander gekämpft, sich gegenseitig getötet und ihre Länder verwüstet. In keiner französischen und deutschen Stadt, in kaum einem Dorf fehlt ein Kriegerdenkmal, auf dem Namen von gefallenen Soldaten aus beiden Weltkriegen 1914-1918 und 1939-1945 stehen.

Zeitgenössische Darstellung der Schlacht bei Sedan am 1.9.1870

Soldatenfriedhof (Erster Weltkrieg) in Frankreich

In Deutschland erinnern noch heute viele Straßennamen an Schlachten aus dem Krieg von 1870/71 (Sedanstraße), in Frankreich wird an die Siege aus den Napoleonischen Kriegen erinnert (Gare d'Austerlitz). Man kann noch weiter zurückgehen, die Vergangenheit bleibt gleichermaßen kriegerisch unerfreulich.

Die Gegenwart ist ganz anders. Franzosen und Deutsche leben in Frieden und guter Nachbarschaft. Heute fährt man über die deutsch-französische Grenze und merkt es gar nicht. Niemand hält einen an, der Zoll ist abgeschafft. Der Euro ist ein Zahlungsmittel für ganz Europa; auch in den Ländern, in denen er noch nicht eingeführt worden ist, kann man damit bezahlen. Und ein Krieg zwischen Frankreich und Deutschland erscheint heute unvorstellbar.

Seit 1945 hat es in Europa keinen Krieg mehr gegeben, sieht man einmal von den militärischen Auseinandersetzungen auf dem Balkan nach 1990 ab. In Europa herrscht Friede und es sieht so aus, als wäre er von langer Dauer. Wie wurde das erreicht?

Den Europäern ist es in einem mühsamen und noch keineswegs abgeschlossenen Prozess gelungen, die Europäische Union (EU) zu schaffen

DEM DEUTSCHEN VOLKE

und damit den Frieden in Europa zu sichern. Dieser Zusammenhang wird durch einen Vergleich deutlich. Viele Mecklenburger, Hessen oder Sachsen sind stolz auf ihr Land und grenzen sich gern von den übrigen Deutschen ab. Zugleich fühlen sich aber alle auch als Deutsche. Viele sind, wie wir bei der Fußballweltmeisterschaft 2006 gespürt haben, sogar zuerst und vor allem Deutsche und dann erst Berliner, Badener oder Hamburger. Noch 1866 haben Bayern, Württemberger und andere gegen Preußen gekämpft. Seit der Gründung des Deutschen Reiches 1871 ist es aber mit den Kriegen der Deutschen untereinander vorbei. Weil wir alle zu Deutschland gehören und ein Parlament, eine gemeinsame Regierung, Behörden und Armee haben, kann es gar nicht mehr zu einem Krieg zwischen den einzelnen Landesteilen kommen. In Europa holen wir gegenwärtig diese Entwicklung nach. Nach wie vor ist jeder Franzose zuerst und vor allem Franzose. Aber auch in Frankreich weht wie in Deutschland und jedem anderen Land der EU die europäische Fahne. Sie zeigt an, dass wir eben nicht mehr nur in Frankreich oder in Deutschland, sondern auch in der EU leben. Wir werden nicht nur von Paris oder Berlin, sondern auch von Brüssel aus regiert.

Viele Deutsche schimpfen auf Berlin und meinen damit die Bundesregierung und die Bundestagsabgeordneten, die Steuern erhöhen und einem überhaupt das Leben schwer machen. Inzwischen schimpfen wir aber nicht mehr nur auf Berlin, sondern auch auf Brüssel. Die Entscheidungen aus „Europa“ werden oft als lästig, unbequem und unsinnig angesehen. Über Brüssel, über den Euro („Euro = Teuro“)

und über die EU klagen viele Bürgerinnen und Bürger oft und gern.

Über all dem Missmut sollte niemand vergessen: Wir sind heute nicht mehr nur Franzosen, Deutsche, Engländer oder Italiener, sondern wir sind alle EU-Bürger und gehören zur EU. Vieles ist noch nicht so, wie es sein soll. Wir können „die da oben in Brüssel" nicht (direkt) wählen, werden aber aus Brüssel regiert. Diese doch recht merkwürdige EU-Demokratie wird als unangenehm und ärgerlich empfunden. Dafür herrscht Frieden und mit den Kriegen von Europäern untereinander ist es hoffentlich endgültig vorbei. Ein Blick auf einen Soldatenfriedhof verringert den alltäglichen Missmut über Brüssel und die EU.

Wer hätte noch an eine Wiedervereinigung geglaubt?

Manchmal werden Träume wahr. Es war fast wie im Märchen, als am 9. November 1989 die Berliner Mauer durchbrochen wurde. Wildfremde Menschen aus Ost und West lagen sich in den Armen und tanzten auf den Straßen.

Fast kein Mensch in der Bundesrepublik und in der DDR hätte in den Jahren davor auch nur einen Pfifferling darauf gewettet, dass es eines Tages zur Wiedervereinigung kommen würde. Zu tief waren nach dem Zweiten Weltkrieg die Gräben zwischen Ost und West geworden. Man sprach sogar von einem „Eisernen Vorhang", der Deutschland und Europa teilte. Im „Kalten Krieg" (ein Krieg, der ohne Waffen geführt wurde) waren die Blöcke deutlich voneinander abgegrenzt. Mitten durch Deutschland verlief eine Grenze, die scharf bewacht wurde. Es wurde auf Menschen geschossen, wenn jemand diese Grenze überwinden wollte, und es gab Tote. Die DDR entwickelte sich zum Musterknaben im sozialistischen Imperium der Sowjetunion.

Die vermeintliche Friedhofsruhe täuschte allerdings. Schon am 17. Juni 1953 (früher war der 17. Juni deshalb Feiertag in der Bundesrepublik) gab es einen Aufstand in der DDR, der gewaltsam niedergeschlagen wurde. Er zeigte, dass viele Menschen unzufrieden waren und

Jubelnde Menschen auf der Berliner Mauer am Brandenburger Tor nach der Maueröffnung am 9.11.1989

nicht hinter dem Regime standen. Auch in Ungarn, der Tschechoslowakei und Polen gab es später immer wieder Unruhen und Aufstände, gegen die die Sowjetunion hart vorging.

Die Bundesrepublik hatte sich unter Bundeskanzler Konrad Adenauer fest im Westen integriert, trat 1955 dem westlichen Verteidigungsbündnis, der NATO, bei und war stark am europäischen Zusammenschluss interessiert. Die Idee der Wiedervereinigung wurde jedoch nicht aufgegeben. In der Präambel des Grundgesetzes hieß es: „Das gesamte Deutsche Volk bleibt aufgefordert, in freier Selbstbestimmung die Einheit und Freiheit Deutschlands zu vollenden."

Von der gesicherten Verankerung im westlichen Bündnis aus betrieb vor allem Bundeskanzler Willy Brandt eine Politik, die einen Wandel zwischen den beiden Teilen Deutschlands durch Annäherung bewirken sollte. Sie führte am 21. Dezember 1972 zum Grundlagenvertrag zwischen der Bundesrepublik und der DDR, der die gegenseitigen Beziehungen normalisieren sollte. Bald zeigte sich, dass sich in der DDR unter einer geglätteten Oberfläche vielfache oppositionelle Gruppen bildeten.

Schon der Mauerbau vom 13. August 1961 in Berlin war ein Zeichen der Hilflosigkeit des Regimes gewesen, dem viele Leute einfach davongelaufen waren. Die Zwangsgemeinschaft des Ostblocks wurde durch Entwicklungen in Polen (Gewerkschaft Solidarność) ab 1980 und Reformen in Ungarn in Frage gestellt. Im Jahr 1989 begann eine Massenflucht aus der DDR

Montagsdemonstration in Leipzig am 13.11.1989

über die ungarisch-österreichische Grenze. In vielen Städten der DDR kam es zu Massendemonstrationen, bei denen auch die Slogans zu hören waren: „Wir sind das Volk" und „Deutschland, einig Vaterland".

Am 4. November 1989 kamen mehr als eine halbe Million Menschen auf dem Berliner Alexanderplatz zu einer Demonstration zusammen. Zwei Tage später ging die gleiche Zahl von Menschen in Leipzig auf die Straße. Bis November hatten allein im Jahr 1989 über

Willy Brandt, Hans-Dietrich Genscher, das Ehepaar Kohl, Richard von Weizsäcker und Lothar de Maizière bei der Feier zur deutschen Wiedervereinigung am 3.10.1990 in Berlin

250 000 Ostdeutsche ihren Weg nach Westdeutschland gefunden.

Am 9. November gab es kein Halten mehr. Unter dem starken Druck der Ereignisse wurde die Mauer geöffnet. Das Regime war durch eine friedliche Revolution aus den Angeln gehoben worden. Sie ist die einzige Revolution in der deutschen Geschichte, die geglückt ist, und

dazu verlief sie noch weitgehend ohne Gewalt und ohne Tote. Das bleibt ein Ruhmesblatt in der deutschen Geschichte. Willy Brandt formulierte: „Jetzt wächst zusammen, was zusammen gehört."

Der damalige Bundeskanzler Helmut Kohl (1982-1998) musste alles tun, um Europa und der Welt zu erklären, dass die Wiedervereinigung kein Zurück zu einem neuen Nationalismus bedeute, sondern dass das geeinte Deutschland im Verbund eines erweiterten Europa für die Zukunft einen Eckpfeiler des Friedens bilden müsse.

Die offizielle Wiedervereinigung wurde am 3. Oktober 1990 vollzogen, nachdem sich die DDR nach demokratischen Wahlen für den Anschluss an die Bundesrepublik entschieden hatte. Der 3. Oktober ist seither in Deutschland offizieller Feiertag.

Leider ist bei manchen Deutschen die Freude über die Wiedervereinigung inzwischen verflogen. Im Westen sind etliche Leute der Auffassung, dass es ihnen selbst besser ginge, wenn sie keine Solidaritäts-Abgabe zu zahlen hätten und wenn nicht so viele Haushaltsmittel in den Osten fließen würden. Im Osten waren viele enttäuscht, als sie merkten, dass die Wiedervereinigung sie nicht direkt ins Paradies gebracht hatte. Geld lag nicht auf der Straße, sondern musste hart erarbeitet werden. Und Arbeit gab es nicht genug. Die Menschen mussten sich mit neuen und für sie ungewohnten Problemen herumschlagen. Das größte ist bis heute die Arbeitslosigkeit. Es stellte sich heraus, dass die DDR wirtschaftlich nicht wettbewerbsfähig war. Viele hatten von heute auf morgen keinen Arbeitsplatz mehr. Die Quote der Arbeitslosen ist auch heute noch im Osten

Deutschlands spürbar höher als im Westen. Wenn sich auch viele Illusionen in Ost und West verflüchtigt haben und die Probleme noch auf viele Jahre hinaus harte Anstrengungen und Solidarität erfordern, bleibt die Wiedervereinigung doch eine Erfolgsgeschichte ohne Beispiel. Trotz aller Probleme, Sorgen und Ärgernisse wächst zusammen, was zusammengehört (Willy Brandt). Es bleibt zu hoffen, dass die Wiedervereinigung eines Tages überall in Deutschland und Europa als historischer Glücksfall betrachtet wird.

Haben wir nicht doch einige Lehren aus der Geschichte gezogen?

Lernen wir aus der Geschichte? 1945 standen wir Deutsche vor einer mehrfachen Katastrophe. Militärisch war das Land besiegt. An der Niederlage gab es nichts zu deuteln. Deutschland hatte bedingungslos kapituliert. Viele waren an der Front und in der Heimat getötet oder schwer verletzt worden. Beinahe ein Drittel des Staatsgebietes ging verloren. Der Rest wurde in vier Zonen unterteilt und von den Siegermächten verwaltet. Die Wirtschaft lag am Boden, die Städte waren zerstört.

Anne Frank ist 1945 im Konzentrationslager Bergen-Belsen elend ums Leben gekommen. Durch ihre Tagebuchaufzeichnungen im Versteck ihrer Familie in Amsterdam (Niederlande) wurde sie weltweit bekannt. Mehr als sechs Millionen europäische Juden wurden von Deutschen während des Zweiten Weltkrieges umgebracht.

Moralisch gesehen befand sich Deutschland auf dem Tiefpunkt; tiefer kann man nicht fallen. Deutsche hatten in einem Ausmaß Verbrechen begangen, das bis heute im Grunde unvorstellbar geblieben ist.

Aus dem Zivilisationsbruch des Dritten Reiches (1933-1945) konnten vor allem drei Lehren gezogen werden. Zumindest die erste davon haben wir Deutsche gründlich verinnerlicht:

- In der Demokratie ist der Staat für die Menschen da. Vor 1945 war das umgekehrt. Das Deutsche Reich führte zwei Weltkriege, um Groß- und Weltmacht zu werden. Dabei hat die jeweilige Staatsführung den Tod von Millionen Menschen in Kauf genommen. Im Schnitt musste in jeder Familie mindestens ein Mitglied für „Deutschlands Größe" sein Leben lassen. Nach 1945 ist in Deutschland von Groß- und Weltmachtsträumen und von

Kriegsbegeisterung nichts mehr zu spüren. Kein Deutscher will mehr in den Krieg ziehen. Dieses Umdenken hat Wirkung gezeigt. Kaum jemand in Europa hat noch Angst vor den deutschen Nachbarn. Trotz zweier Weltkriege mit millionenfachem Leid in Ost und West werden wir heute in Europa als gleichberechtigt anerkannt. Wir sind von Nachbarn umgeben, die alle in Frieden mit uns leben wollen.

■ Die ganz überwiegende Mehrheit der Deutschen erkennt ihre Mitmenschen, unabhängig von Sprache, Nationalität, Hautfarbe, Religion und Kultur als gleichwertig und gleichberechtigt an. Jeder Mensch besitzt in Deutschland ein Recht auf ein Leben in Freiheit und Würde, alle sind mit „unveräußerlichen Rechten ausgestattet" (Unabhängigkeitserklärung der USA von 1776). Für den Erhalt und den Schutz der Menschenrechte setzen sich nicht nur die Bundesregierung und die staatlichen Institutionen, sondern auch – oftmals unbewusst – fast alle Deutsche in ihrer Alltags- und Lebenswelt ein. Im Kindergarten und in den Schulen wird kein Kind benachteiligt, weil „es nicht von hier ist".

Natürlich gestaltet sich das Zusammenleben mit ausländischen Mitbürgern nicht immer reibungsfrei. Leider kommt es auch immer wieder zu rechten Gewalttaten gegenüber Ausländern und Angehörigen von Minderhei-

Besucher sehen sich 2005 eine Fotoleinwand an, die das Brandenburger Tor bei Kriegsende 1945 zeigt. Die Installation ist Teil der Aktionen „Tag der Demokratie“, die am 7./8. Mai anlässlich des 60. Jahrestages des Kriegsendes stattfanden.

ten, zum Beispiel Obdachlosen oder Behinderten. Aber es setzen sich auch immer wieder Deutsche dagegen couragiert zur Wehr. Mit spontanen Demonstrationen grenzen sich viele von den gewalttätigen Menschenrechtsverletzern ab. Die Fußballweltmeisterschaft 2006 stand unter dem Motto „Die Welt zu Gast bei Freunden". Die meisten ausländischen Besucher haben bestätigt, wie wohl sie sich bei diesem Sportereignis in Deutschland gefühlt haben. Die Abkehr von Kriegen nach 1945 hat uns diese Achtung und Wertschätzung eingebracht. Bei allem Stolz auf diese Entwicklung: Das Eintreten für die Menschenwürde und Menschenrechte „als Grundlage jeder menschlichen Gemeinschaft, des Friedens und der Gerechtigkeit in der Welt" (Artikel 1 Grundgesetz) haben wir noch nicht so gründlich in uns aufgenommen wie die Ablehnung von Kriegen.

■ Deutsche beschäftigen sich nicht gern mit Politik. Das war vor 1945 so und hat sich nach 1945 nicht grundlegend geändert. 1933 und schon in den Jahren zuvor haben sich die Deutschen – auch aus politischer Unbedarftheit heraus – „verwählt". Die Folgen waren schrecklich. Trotzdem haben wir daraus nur bedingt Lehren gezogen. Auch heute ist das Desinteresse an Politik in Deutschland immer noch groß.

Zusammenfassend kann gesagt werden: Wir haben Lehren aus der Geschichte gezogen und uns verändert. Das Glas ist aber nur halbvoll bzw. – je nach Blickwinkel – halbleer. Wir sind nicht mehr kriegerisch. Wir treten für die Achtung und den Schutz der Menschenrechte ein und sehen niemanden mehr – von wenigen unrühmlichen Ausnahmen abgesehen – als nicht gleichberechtigten Menschen an. Politisches Interesse und die Mitverantwortung für die gemeinsamen Angelegenheiten können aber noch deutlich steigen.

Unsere Verfassung ist okay!

Wenn man am 23. Mai in Stuttgart auf den Schlossplatz kommt, wird man von der Landeszentrale für politische Bildung zu einem Gläschen Sekt eingeladen. Die Leute fragen dann, was gefeiert wird, und erfahren ganz erstaunt: Unser Grundgesetz hat Geburtstag!

Im Alltag nehmen wir Bürgerinnen und Bürger das Grundgesetz selten in die Hand. Das ist auch nicht notwendig, weil die in der Verfassung verbrieften Grundrechte respektiert werden. Niemand darf einen Brief öffnen, der nicht an ihn adressiert ist. Die Polizei darf nicht ohne unsere Erlaubnis unsere Wohnung betreten. Jeder von uns kann fahren, wohin er will. Der Wert der Verfassung besteht darin, dass sie existiert und dass sie im Stillen positive Wirkungen entfaltet.

Das Grundgesetz ist eine klare Antwort auf das nationalsozialistische Unrechtssystem. Weil dort beispielsweise auch der Grundsatz galt „Du bist nichts, dein Volk ist alles“, steht jetzt wie ein Leuchtstern am Anfang der Verfassung der Satz: „Die Würde des Menschen ist unantastbar.“ Alle weiteren Bestimmungen der Verfassung müssen auf das Ziel des Schutzes der Menschenwürde hin ausgerichtet sein. In der Verfassung ist geregelt,

- wie Politik gestaltet wird, das heißt, wer Entscheidungen trifft, wer zustimmen muss und wer Kontrolle ausübt,

Feier zum Geburtstag des

Grundgesetzes in Stuttgart 2007

- welche Organe (wie Bundestag, Bundesregierung ...) es gibt und wie die Zuständigkeiten geregelt sind,
- wie die Macht verteilt sein soll,
- welche Grundsätze für die Politik maßgebend sein sollen (zum Beispiel Gerechtigkeit, Freiheit).

Gleich am Anfang sind die Grundrechte aufgeführt, die für alle Bürgerinnen und Bürger gelten und von elementarer Bedeutung sind. Das sind unter anderem die Freiheit der Person, die Meinungs- und Religionsfreiheit und weitere wichtige Rechte. Insgesamt trägt das Grundgesetz dafür Sorge, dass die politischen Auseinandersetzungen in geregelten Bahnen und gewaltfrei verlaufen.

Wichtig ist, dass die Verfassung dem politischen Alltagsstreit entzogen ist. Man kann die Regierung tadeln oder mit der Opposition unzufrieden sein, man kann der Meinung sein, dass entscheidende Probleme nicht rechtzeitig und umfassend angepackt werden, man kann sich umfassend informieren oder es auch bleiben lassen, aber eins sollte man nicht tun: auf unsere Verfassung schimpfen.

Die Verfassung kann für die Tagespolitik keine Verantwortung tragen. Sie kann aber richtiges politisches Handeln erleichtern und falsches erschweren. Sie bietet das Fundament, auf dem das politische Haus aufgebaut wird. Ein Haus kann man im Lauf der Zeit auch einmal verändern und umbauen. Meistens bleibt das Fundament davon unberührt. So ist es auch im politischen Leben: Veränderungen sind immer wieder möglich, vielleicht auch notwendig. Das betrifft aber in aller Regel nicht die Verfassung selbst.

Es kann allerdings Situationen geben, in denen die Verfassung an neue Gegebenheiten angepasst werden muss. Als zum Beispiel die Zahl der Asylbewerber in Deutschland stark angestiegen war und die Probleme politisch kaum mehr beherrscht werden konnten, wurde der Artikel 16 des Grundgesetzes neu gefasst. Weil solche Änderungen aber die Ausnahme bleiben sollen, wurde eine große Hürde eingebaut: Die Verfassung kann nur mit Zweidrittel-Mehrheit (in Bundestag und Bundesrat) geändert werden. Und diese Mehrheit findet sich in der Regel nur, wenn zumindest auch Teile der Opposition zustimmen. Diese Bestimmung hat sich bewährt und trägt mit dazu bei, die Verfassung als etwas besonders Kostbares anzusehen.

Und dann gibt es sogar noch Bestimmungen, die überhaupt nicht geändert werden dürfen, selbst wenn es dafür eine überwältigende Mehrheit gäbe. Dazu gehören folgende Grundsätze: Die Bundesrepublik wird nie – wie etwa Frankreich – ein zentralistisch regierter Einheitsstaat werden können. Die Bayern brauchen also keine Angst zu haben, dass sie eines Tages in einem Einheitsbrei nicht mehr erkennbar wären. Die Bundesrepublik ist und bleibt ein Rechtsstaat, ein Sozialstaat und ein Bundesstaat (Artikel 20 Grundgesetz).

Die Würde des Menschen muss für alle Zeiten Leitstern des politischen Handelns bleiben.

Wir bleiben eine Demokratie. Die Staatsgewalt geht also stets vom Volke aus. Und wir dürfen die sozialen Belange unserer Gesellschaft nie aus dem Auge verlieren.

Schließlich wehrt sich das Grundgesetz auch gegen diejenigen, die unsere Verfassung angreifen oder beseitigen wollen. So kann eine Partei – allerdings nur in einem langwierigen

Verfahren – vom Bundesverfassungsgericht verboten werden, wenn sie die Grundsätze der Demokratie beseitigen will. Alle Deutschen werden in der Verfassung sogar aufgerufen, Widerstand gegen diejenigen zu leisten, die unsere demokratische Ordnung beseitigen wollen. Auf diese Probe sind wir in den letzten Jahrzehnten zum Glück nicht ernsthaft gestellt worden. Es lohnt sich jedoch, wachsam zu sein. Auf unser Grundgesetz können wir nämlich wirklich stolz sein. ←

125 Was jeder wissen sollte

GESCHICHTE IN ZAHLEN UND BILDERN

8. Mai 1945

BEDINGUNGSLOSE KAPITULATION

An diesem Tag endete der Zweite Weltkrieg in Europa mit der bedingungslosen Kapitulation Deutschlands. Er hatte am 1. September 1939 mit dem deutschen Überfall auf Polen begonnen. Im Krieg und während Flucht und Vertreibung kamen Millionen Deutsche ums Leben. Noch weit größere Verluste hatten insbesondere Polen und die UdSSR zu beklagen. Deutsche haben sechs Millionen europäische Juden umgebracht. Über fünf Millionen russische Kriegsgefangene kamen in Lagern um. Die Welt ist noch heute über die Bilder schockiert, die nach der Befreiung deutscher Konzentrationslager aufgenommen worden sind.

Deutschland hörte auf, als Staat zu existieren. Im Osten wurden große Gebiete (Ostpreußen, Schlesien, Teile von Pommern und Brandenburg) unter polnische Verwaltung gestellt. Das Gebiet um Königsberg kam unter sowjetische Verwaltung. Die Besatzungsmächte USA, UdSSR, Großbritannien und Frankreich teilten das übrige Deutschland in vier Besatzungszonen und Berlin in vier Sektoren auf.

Das Leben in Deutschland war furchtbar. Die Städte waren vom Luftkrieg zerstört, die Wirtschaft lag am Boden. Die Menschen hatten nichts zu essen und häufig kein Dach über dem Kopf. Noch schwerer wog die Schuld, die Deutsche durch ihre Beteiligung an Verbrechen von historisch einmaligem Ausmaß auf sich geladen hatten.

Die Innenstadt von Hannover bei Kriegsende 1945

23. Mai 1949 / 7. Oktober 1949

GRÜNDUNG ZWEIER DEUTSCHER STAATEN

In den ersten Jahren nach Kriegsende kämpften die meisten Deutschen um das nackte Überleben. Besonders schwer zu leiden hatten die Flüchtlinge, die oftmals in provisorischen Baracken ein kümmerliches Dasein fristeten.

In allen vier Besatzungszonen begann sehr rasch ein politischer Neubeginn. Noch im Mai 1945 wurden Parteien gegründet. In den vier Besatzungszonen fanden 1946/47 Wahlen zu den Landtagen in den neu gegründeten Ländern statt. Länderregierungen wurden gebildet.

Mit der beginnenden Feindschaft zwischen der UdSSR und den Westmächten begann auch die Spaltung Deutschlands. Die Ministerpräsidenten der Länder in allen Besatzungszonen versuchten die Spaltung aufzuhalten, doch ihre Bemühungen blieben vergeblich. Seit 1947 wurde sowohl in der Sowjetischen Besatzungszone (SBZ) als auch in den drei westlichen Besatzungszonen die Gründung eines deutschen Staates vorbereitet.

Am 23. Mai 1949 unterzeichneten die Mitglieder des Parlamentarischen Rates in Bonn die von ihnen ausgearbeitete Verfassung. Um den provisorischen Charakter des neuen Staates zu unterstreichen, sprach man von dem „Grundgesetz". Der Ausdruck „Verfassung" sollte dem geeinten Deutschland vorbehalten bleiben. Mit

Regierung der DDR nach der Vereidigung am 12. Oktober 1949

Der Präsident des Parlamentarischen Rates, Konrad Adenauer, während der Stimmauszählung zur Annahme des Grundgesetzes der Bundesrepublik Deutschland am 8. Mai 1949

der Veröffentlichung des Grundgesetzes in der ersten Ausgabe des Bundesgesetzblattes am selben Tag beginnt die Geschichte der Bundesrepublik Deutschland.
Am 7. Oktober 1949 trat im Ostsektor Berlins der Deutsche Volksrat als Provisorische Volkskammer zusammen und nahm die neu geschaffene Verfassung an. Die Deutsche Demokratische Republik war gegründet.

25. März 1957

UNTERZEICHNUNG DER VERTRÄGE VON ROM ZUR GRÜNDUNG VON EWG UND EURATOM

Nach der Katastrophe zweier Weltkriege, die in der ersten Hälfte des 20. Jahrhunderts in Europa Millionen von Toten gefordert hatten, und unter dem Eindruck des sich immer mehr verschärfenden Ost-West-Konflikts wuchs in Europa die Bereitschaft zu einem europäischen Zusammenschluss. Damit sollte der Frieden zumindest in Westeuropa sicherer gemacht werden. Deutschland sollte so eingebunden werden, dass nicht noch einmal, wie 1914 und 1939, ein neuer Krieg von Deutschland ausgehen konnte. Zum anderen wollte man vereint dem sowjetischen Aggressionsdrang widerstehen. Schließlich trieben auch Erwartungen auf wirtschaftliche Vorteile die Einigung voran.
Die Hoffnungen gingen in großartiger Weise in Erfüllung. Deutschland liegt heute mitten in der Europäischen Union und ist nur von befreundeten Staaten umgeben. Die Gefahr eines europäischen Krieges ist gebannt. Der Frieden erscheint so fest und dauerhaft wie noch nie seit über 2000 Jahren. Und alle Mitglieder der Europäischen Union (EU) haben wirtschaftliche Vorteile.

Etappen auf dem Weg zur europäischen Einigung

1948 Brüsseler Pakt (ohne Deutschland)

1949 Gründung des Europarates (ohne Deutschland)

1951 Gründung der Europäischen Gemeinschaft für Kohle und Stahl (mit Deutschland)

1957 Unterzeichnung der Römischen Verträge

1973 Aufnahme von Großbritannien, Dänemark und Irland in die Europäische Gemeinschaft (EG)

1979 Erste Direktwahlen zum Europäischen Parlament

1981 Griechenland wird Mitglied der EG

1986 Spanien und Portugal werden Mitglieder der EG

1990 Nach der Vereinigung der beiden deutschen Staaten gehören auch die fünf neuen Bundesländer zur EG

1992 Vertrag über die Europäische Union (EU) in Maastricht

1995 Beitritt Österreichs, Schwedens und Finnlands

2002 Einführung des Euro als Gemeinschaftswährung in elf EU-Staaten

2004 Osterweiterung der EU (Estland, Lettland, Litauen, Polen, Tschechien, Slowakei, Ungarn, Slowenien, Malta, Zypern)

2007 Beitritt von Rumänien und Bulgarien

Für Deutschland bedeutete die Teilnahme an der europäischen Einigung zunächst eine Vertiefung der Spaltung des eigenen Landes. Die beiden deutschen Staaten wurden immer fester in das jeweilige Lager eingebunden (NATO – Warschauer Pakt, EWG – Rat für Gegenseitige Wirtschaftshilfe [RGW = von der UdSSR gelenkter Wirtschaftsverbund der Ostblockstaaten]). Die Unterzeichnung der Römischen Verträge am 25. März 1957 und die Gründung der Europäischen Wirtschaftsgemeinschaft (EWG) und

Unterzeichnung der „Römischen Verträge" am 25. März 1957

der Europäischen Atomgemeinschaft (EURATOM) bedeuteten einen ersten Höhepunkt auf dem Weg zur europäischen Einigung. Damals schlossen sich Frankreich, die Bundesrepublik Deutschland, Italien und die drei Benelux-Staaten zusammen. Heute (2007) gehören zur EU 27 Staaten.

13. August 1961

BAU DER MAUER IN BERLIN

Schon am 17. Juni 1953 hatte es in der DDR einen Aufstand gegeben, der von sowjetischen Truppen brutal unterdrückt worden war. In der Nacht vom 12. zum 13. August 1961 begannen Bautrupps der DDR damit, eine 160 Kilometer lange Mauer um West-Berlin zu errichten. Auch die innerdeutsche Grenze wurde hermetisch abgeriegelt. Ein Überwechseln von der DDR in die Bundesrepublik Deutschland war von da an praktisch unmöglich.

Der Bau der Berliner Mauer bedeutet einen tiefen Einschnitt in der Geschichte des geteilten Deutschlands. Nach der Gründung der beiden deutschen Staaten entwickelten sich die Bundesrepublik und die DDR auseinander. Je mehr die Zughörigkeit zu ihrem jeweiligen Lager zunahm, desto mehr vertiefte sich die Spaltung. Dabei hatten die Menschen in der Bundesrepublik das bessere Los gezogen. Sie besaßen eine Demokratie und konnten in Freiheit leben. Zugleich erlebten sie einen wirtschaftlichen Aufschwung, der alle Erwartungen übertraf („Wirtschaftswunder“). An die Stelle von Hunger trat Übersättigung („Fresswelle“). Man verdiente gutes Geld und gab die D-Mark aus – für Reisen, für Konsumgüter wie Kühlschrank, Fernsehapparat und für ein eigenes Auto. Viele sparten und setzten den Traum vom eigenen Haus in die Realität um. Auch in der DDR verbesserten sich die Lebensbedingungen, doch war das Tempo langsamer als im Westen.

Viele gut ausgebildete, junge und leistungsfähige DDR-Bürgerinnen und -Bürger wechselten in die Bundesrepublik über, wo sie ohne große Probleme Arbeit fanden. Dieser Zustrom aus dem anderen Teil Deutschlands, der DDR, kam dem Aufschwung der westdeutschen Wirtschaft zugute. Für Staat und Gesellschaft der DDR bedeutete er eine schwere Belastung.

Der Mauerbau beendete die Abwanderung von Ost nach West. In der Folge davon stabilisierten sich die Verhältnisse in der DDR. In der Bundesrepublik versuchte man den Arbeitskräftemangel durch die verstärkte Eingliederung von Frauen ins Berufsleben und durch den Zuzug von Gastarbeitern auszugleichen. Unter der Teilung, die der Mauerbau so sichtbar dokumentierte, lit-

Erste Absprerrungsmaßnahmen am Brandenburger Tor durch Stacheldrahtverhau am 14./15. August 1961

ten die Deutschen erheblich. Familien wurden auseinandergerissen, in den ersten Jahren nach 1961 konnte die Verbindung nur mit Briefen aufrechterhalten werden. Auch wenn es seit den 70er Jahren wesentliche Erleichterungen für Reisen in die DDR gab, hatten die Deutschen an der Last der Teilung schwer zu tragen.

3. Mai 1971

WECHSEL VON WALTER ULBRICHT ZU ERICH HONECKER

Am 3. Mai 1971 trat Walter Ulbricht von seinen Ämtern an der Spitze des Staates der DDR und der sozialistischen Einheitspartei SED zurück. Sein Nachfolger wurde Erich Honecker.

Der sozialistische Staat DDR hatte in der Zeit von seiner Gründung bis zu seinem Untergang im November 1989 praktisch nur zwei „Regie-

Walter Ulbricht

Erich Honecker

rungs"-Chefs: Walter Ulbricht und Erich Honecker. Auf den Führungswechsel im Mai 1971 hatte die Bevölkerung der DDR keinen Einfluss. Walter Ulbricht und Erich Honecker festigten ihre Führungsposition in Partei und Staat jeweils durch eine geschickte Personalpolitik. Im Übrigen wäre keiner von ihnen ohne die Zustimmung aus Moskau an die Spitze gelangt.

In der Bundesrepublik Deutschland haben von 1949 bis 2007 mehrere Regierungswechsel stattgefunden. Eine Bundeskanzlerin und sieben Bundeskanzler wurden gewählt. In freien Wahlen bestimmen die Bürgerinnen und Bürger der Bundesrepublik Deutschland die Zusammensetzung des Bundestages. Dessen wichtigste Aufgabe besteht in der Wahl des Kanzlers/der Kanzlerin. Die Bürgerinnen und Bürger sind ebenso wie die Abgeordneten des Bundestages dieser Verantwortung bis-

Die Amtszeiten der Bundeskanzler

Konrad Adenauer (CDU)
1949-1963

Ludwig Erhard (CDU)
1963-1966

Kurt Georg Kiesinger (CDU)
1966-1969

Willy Brandt (SPD)
1969-1974

Helmut Schmidt (SPD)
1974-1982

Helmut Kohl (CDU)
1982-1998

Gerhard Schröder (SPD)
1998-2005

Angela Merkel (CDU)
seit 2005

lang gerecht geworden. Die freien Wahlen als das wichtigste Kennzeichen einer Demokratie haben sich bewährt.

9. November 1989

FALL DER BERLINER MAUER

3. Oktober 1990

VEREINIGUNG DER BEIDEN DEUTSCHEN STAATEN

Am 9. November 1989 fiel in Berlin die Mauer. Die DDR öffnete ihre Grenzen nach West-Berlin und in die Bundesrepublik Deutschland. In Berlin und an der innerdeutschen Grenze fielen sich Deutsche aus Ost und West vor Freude in die Arme. Für viele Menschen war dies vielleicht der glücklichste Tag in der deutschen Geschichte. Erzwungen hatten die Öffnung von Mauer und Grenzen die mutigen Bürgerinnen und Bürger der DDR. In der einzigen erfolgreichen und friedlichen Revolution der deutschen Geschichte brachten sie das SED-Regime zu Fall. Vorausgegangen war die Massenflucht aus der DDR über die Grenze von Ungarn nach Österreich und über die Bonner Botschaften in Budapest, Prag, Warschau und Ostberlin. Wochen und Monate vor der Öffnung der Grenzen forderten Tausende, Hunderttausende und am 4. November in Berlin beinahe eine Million Demonstranten Reformen. Eindrucksvoll waren auch die Montagsdemonstrationen in Leipzig. Unmittelbar nach dem pompös gefeierten 40. Jahrestag der Gründung der DDR wurde die Protestbewegung so stark, dass der Rücktritt von Erich Honecker erzwungen wurde (18.10.1989). Ohne Rückendeckung aus Moskau (Gorbatschow: „Wer zu spät kommt, den bestraft das Leben.") hatte der greise Staats- und Parteichef Honecker dem Aufruhr der Bevölkerung nichts entgegenzusetzen. Drei Wochen später gab eine kopflos gewordene Parteiführung den Forderungen der Demonstranten nach und öffnete die Grenzen. Damit war die SED-Herrschaft zu Ende.

Innerhalb weniger Monate wurden freie Wahlen organisiert. An den ersten freien Wahlen zur Volkskammer – dem damals noch bestehenden

In der Nacht vom 9. auf den 10. November 1989 stürmen Berliner aus beiden Teilen der Stadt die Mauer.

Parlament der DDR – am 18. März 1990 beteiligten sich 93,39 Prozent der wahlberechtigten Bürger. Die Volkskammer wählte Lothar de Maizière (CDU) zum Ministerpräsidenten der DDR. Zusammen mit der Bundesregierung betrieb die neue Regierung der DDR den Zusammenschluss beider deutscher Staaten. Am 3. Oktober 1990 endete mit der Vereinigung die deutsche Teilung.

25. März 2007

FESTAKT ANLÄSSLICH DES 50. JAHRESTAGES DER RÖMISCHEN VERTRÄGE IN BERLIN

Der 50. Jahrestag der Römischen Verträge markiert kein historisches Datum. Dass der Festakt in Berlin stattfand, war eher ein Zufall. Turnusmäßig hatte zu dieser Zeit die Bundesrepublik Deutschland die EU-Ratspräsidentschaft inne. Das Bild der deutschen Bundeskanzlerin inmitten der Staats- und Regierungschefs der EU vor dem Brandenburger Tor lädt jedoch zum Nachdenken ein (s. S. 138).

Die Menschen, die vor 62 Jahren im zerstörten Berlin einer mehr als ungewissen Zukunft entgegenblickten, hätten es sich wohl kaum träumen lassen, dass schon wenige Jahrzehnte später hier ein europäisches Gruppenfoto (mit einem gleichberechtigten Deutschland) gemacht werden würde. Die Angehörigen der ostdeutschen Kampfgruppen, die am 13. August 1961 den Bau der Mauer vor dem Brandenburger Tor entlang der innerstädtischen Sektorengrenze sicherten, haben sich dies sicherlich auch nicht vorstellen können. Die Ruinen Berlins sind heute ebenso verschwunden wie die Mauer. Das Bundeskanzleramt, der Hauptbahnhof, der Reichstag mit seiner Kuppel, der Pariser

Die Staats- und Regierungschefs der EU begehen den 50. Jahrestag der Römischen Verträge in Berlin.

Platz mit dem Brandenburger Tor, der Potsdamer Platz – Berlin hat seinen Besuchern viel zu bieten. Niemand wird darüber die deutschen und europäischen Probleme vergessen. Die Verschuldung Berlins, die hohe Arbeitslosigkeit im Land, Versäumnisse im Bildungswesen – sie verdeutlichen exemplarisch die großen Aufgaben, die in Zukunft erhebliche Anstrengungen erfordern. Und was Europa betrifft – eine Verfassung gibt es auch 2007 noch nicht. „Brüssel" bedeutet für viele Europäer Überbürokratisierung und unnötige Erschwerung des Lebens. Von der Politik in Deutschland und in Europa geht wenig Glanz aus.

Über dem grauen und hektischen Alltag, über all den Mängeln und Zukunftssorgen darf jedoch nicht vergessen werden, was erreicht worden ist. Wir leben in Frieden mit unseren europäischen Nachbarn und in Freiheit. Das Land ist vereinigt. Die fünf neuen Bundesländer haben mächtig aufgeholt. Die Wirtschaft insgesamt kann mit der ausländischen Konkurrenz mithalten. Anlässlich der Fußballweltmeisterschaft in Deutschland 2006 war bei uns „die Welt zu Gast bei Freunden". Die Schatten der Vergangenheit aus der Zeit des „Dritten Reiches" werden wohl immer bestehen bleiben. Umso mehr können wir über die gleichberechtigte Aufnahme in die Völkergemeinschaft der EU und der UNO dankbar sein. Der Rückblick auf die Geschichte seit dem Ende des Zweiten Weltkrieges gibt Anlass zu Dankbarkeit und auch zu etwas Stolz.

Die Nationalhymne

Einigkeit und Recht und Freiheit
für das deutsche Vaterland!
Danach lasst uns alle streben
brüderlich mit Herz und Hand!
Einigkeit und Recht und Freiheit
sind des Glückes Unterpfand.
Blüh' im Glanze dieses Glückes,
blühe, deutsches Vaterland!

Bei feierlichen Anlässen wird diese Strophe aus einem Lied von Hoffmann von Fallersleben als Nationalhymne nach einer Melodie von Joseph Haydn gesungen. Bei großen Sportveranstaltungen singen die Zuschauer laut und begeistert mit. Über den Text denken die wenigsten nach. Dabei hätte der Text dies verdient.

Die Demokratie und ihre Grundwerte (Einigkeit – Solidarität, Recht – Gleichheit/Gerechtigkeit

Nach dem Überreichen der Einbürgerungsurkunde singen die Eingebürgerten die Nationalhymne (12.9.2006 im Rathaus Berlin-Neukölln).

und Freiheit) bezeichnet die Hymne als „des Glückes Unterpfand". Für die Geschichte der Bundesrepublik Deutschland trifft dies zu. Am Anfang steht das Grundgesetz mit der Achtung und dem Schutz der Menschenwürde und der Grundrechte. Die Entscheidung für die Demokratie hat uns Deutschen trotz der schweren Hypothek unserer Vergangenheit den Zugang zu Europa und der Welt geöffnet.

Im Rückblick auf die Zeit vor dem Zweiten Weltkrieg ist es nicht vermessen von dem „Glanze dieses Glückes" zu sprechen.

Wir haben Grundrechte

Das Grundgesetz der Bundesrepublik Deutschland beginnt mit der Aufzählung unserer Grundrechte (Artikel 1-20 Grundgesetz). Ein Grundgesetz hat man nicht immer zur Hand und daher können viele nicht sagen, welche Grundrechte wir haben und was denn Grundrechte sind. Deshalb soll hier versucht werden, diese besonderen Rechte im Alltag ausfindig zu machen.

Nehmen wir den Urlaubstag eines ganz durchschnittlichen Mitbürgers: Beim ausgedehnten

Frühstück entschließt er sich zur Lektüre einer Zeitung. Danach macht er sich auf zu einem Bummel durch die Stadt. Im Zentrum stößt er zufällig auf eine Demonstration, die sich gegen höhere Steuern wendet. Er interessiert sich für diese Frage und kommt ins Gespräch mit einigen Demonstranten. Danach besucht er eine Kirche, die er schon seit längerer Zeit gründlicher anschauen wollte. Das ist nur bedingt möglich, weil hier gerade ein Gottesdienst abgehalten wird.

Auf dem Nachhauseweg fällt ihm eine Werbung ins Auge. Es geht um einen Job in der Computer-Branche, der ihm mehr Geld verspricht, als er im Moment verdient. Er ist zwar skeptisch – die Probleme verstecken sich ja oft im Kleingedruckten –, steckt die Werbebroschüre aber ein. Zu Hause angekommen schaut er in den Briefkasten und findet darin einige Post.

Moschee und Kirche in Mannheim

Die Frage drängt sich auf, ob und in welcher Weise der hier beschriebene Normalbürger an diesem Tag schon mit Grundrechten in Berührung kam: Wie steht es mit der Zeitung zum Frühstück? Es handelt sich um eine von ihm frei ausgewählte Zeitung, die er abonniert hat. Ohne dass er in unserer freiheitlichen Gesellschaft darüber groß nachdenken muss, hat er vom Grundrecht der *Meinungsfreiheit*, das in unserer Verfassung in Artikel 5 verbrieft ist, Gebrauch gemacht.

Wie steht es mit der Demonstration, auf die er bei seinem Stadtbummel gestoßen ist? Auch wenn sich vielleicht manche Menschen über Demonstrationen ärgern, die Demonstranten können sich auf das Grundrecht der *Versammlungsfreiheit* in Artikel 8 unseres Grundgesetzes berufen.

Der weitere Weg führt den Urlauber in die Kirche, in der ein Gottesdienst abgehalten wird. Die Tatsache, dass es Kirchen gibt, in denen religiöse Feiern stattfinden, ist zwar für uns alle nichts Besonderes, weil wir daran gewöhnt sind. Aber die Menschen haben nach Artikel 4 Grundgesetz das Grundrecht der *Religionsfreiheit*, von dem sie nach eigenem Willen diesen oder jenen Gebrauch machen können.

Das attraktive Jobangebot der Computer-Branche könnte eine Chance für den interessierten Mitbürger sein. Wenn er sich im PC-Bereich auskennt, hat er die Möglichkeit, sich um diese Stelle zu bewerben. Er hat nach Artikel 12 des Grundgesetzes das Grundrecht der *freien Berufswahl* im Rücken.

Wenn er seine Post aus dem Briefkasten holt, verlässt er sich darauf, dass die Briefe von keinem Menschen vorher geöffnet und gelesen wurden, denn nach Artikel 10 unserer Verfassung gibt es das Grundrecht des *Briefgeheimnisses*.

Es sind bereits jetzt einige Grundrechte zur Sprache gekommen. Die normale Reaktion auf diesen Befund wird sein: Was ist daran aufregend? Das sind doch lauter Selbstverständlichkeiten! Dass alle diese Dinge so normal sind, zeichnet jedoch unsere Demokratie aus.

Das Gegenbeispiel wäre eine Diktatur. Wie sieht hier die Lage aus? Schon mit der frei gewählten Frühstückszeitung ist es nichts. Es herrscht Pressezensur. Nur das, was der Staatsführung genehm ist, erreicht in gedruckter Form Bürgerinnen und Bürger oder in diesem Fall besser „die Untertanen". Undenkbar ist es, dass in einer Diktatur eine Demonstration zugelassen wäre, die sich gegen die Beschlüsse der Obrigkeit richtet. Es ist auch sehr unwahrscheinlich, dass in einer Diktatur freie Religionsausübung gewährleistet wäre. Auch auf die Berufswahl wirken Diktaturen ständig ein. Schließlich kann man nicht sicher sein, ob der „große Bruder" die Privatpost nicht schon gelesen hat.

Unsere Grundrechte erscheinen erst in einem besonderen Licht, wenn man sie mit der Düsternis in Diktaturen vergleicht. Und hier wurden noch längst nicht alle Grundrechte aufgezählt: Jeder hat das Recht auf die freie Entfaltung seiner Person. Er kann Vereine gründen oder sich Vereinen anschließen. Die Wohnung und das Eigentum sind geschützt etc.

Weil sie so wichtig und herausragend sind, stehen die Grundrechte gleich am Anfang unserer Verfassung. Sie haben Vorrang gegenüber den übrigen Rechten. Auch der Staat kann diese Rechte nicht antasten, jedenfalls nicht in ihrem Kern. Er kann zum Beispiel für den Ablauf von Demonstrationen aus Sicherheitsgründen Vorschriften machen, aber das Grundrecht als solches muss gewährleistet bleiben.

In vielen Zeitungen war neuerdings zu lesen, die Deutschen seien inzwischen die Dicksten in Europa. Das mag gesundheitspolitisch bedenklich sein. Es liegt aber in der Freiheit der Person, für sein leibliches Wohl so oder so zu sorgen. Eine freie Gesellschaft kann nur mit Information und Aufklärung dafür Sorge tragen, dass die Menschen über mögliche Gefahren informiert werden. Entscheidungen zur Gefahrenabwendung kann und muss jeder Einzelne selbst treffen.

Wie am Beispiel der Diktatur zu sehen war, kann man Grundrechte auch verlieren. Unsere Demokratie hat zwar viele Sicherungen in das Grundgesetz eingebaut, die wichtigste Sicherung aber liegt in unserer eigenen Hand: Wir

Mein Bauch gehört mir.

haben die Chance, diese Rechte Tag für Tag zu nutzen. Und das ist gleichzeitig ihr bester Schutz. Das Grundrecht der Meinungsfreiheit „trocknet“ zum Beispiel „aus“, wenn ich mich nicht informiere und mir nicht eine begründete Meinung bilde. So ist es mit allen Grundrechten. Das Schöne ist: Grundrechte werden durch ihren Gebrauch nicht verschlissen, sondern ihre Bedeutung und Kraft wächst durch den Gebrauch. Die politische Kultur einer Gesellschaft kann man vor allem auch an der Pflege der Grundrechte ablesen.

Warum aber haben die Grundrechte eine so herausgehobene Bedeutung? Die Antwort ist einfach: Weil sie dem Menschen ein Leben in Würde ermöglichen. Und so kommen wir zum Kern der Sache.

Ausgangspunkt unserer Verfassung, des gesamten politischen und gesellschaftlichen Lebens ist der Mensch. Schon mit seiner Geburt hat er eine Würde, die ihm niemand nehmen kann. Der Staat soll ganz in den Dienst dieser Menschenwürde gestellt sein. Unser Grundgesetz beginnt mit Artikel 1: *„Die Würde des Menschen ist unantastbar.“* Dieser Satz gehört auf immer in Stein gemeißelt. Und er sollte in den Köpfen und Herzen aller Menschen gegenwärtig sein. Es ist gar nicht vorstellbar, dass es einen besseren Ausgangs- und Bezugspunkt für politisches und gesellschaftliches Handeln geben kann als die Würde des Menschen. Darum kann dieser Eckpfeiler unserer Verfassung auch mit keiner noch so großen Mehrheit jemals erschüttert werden.

Zentrale Institutionen

DEUTSCHER BUNDESTAG

Demokratie bedeutet Herrschaft des Volkes. Diese Herrschaft übt das Volk nicht direkt aus. Die Bürgerinnen und Bürger wählen Abgeordnete, die im Parlament die Wünsche und Interessen der Bevölkerung vertreten. Zu den Wahlen stellen Parteien Kandidaten auf. Die gewählten Abgeordneten jeweils einer Partei bilden im Parlament eine Fraktion.

Im Bundestag besteht eine wichtige Aufgabe der Abgeordneten in der Wahl des Bundeskanzlers. Da eine Partei bei der Wahl selten die absolute Mehrheit erreicht, gehen zwei oder mehr Fraktionen eine Koalition ein mit dem Ziel, gemeinsam die Regierung zu bilden. Der Bundestag hat die Aufgabe, Gesetze zu erlassen (Ge-

setzgebungsfunktion). Die Opposition kritisiert und kontrolliert die Regierung und entwickelt Alternativen zur Regierungspolitik. Opposition ist wichtig. Jeder weiß vom eigenen Leben: Wird man nicht kontrolliert und kritisiert, dann lässt die eigene „correctness" nach. So „vergisst" man in einem völlig überfüllten Straßenbahnwagen leicht das Bezahlen, weil man weiß, dass kein Schaffner zu einem durchkommt.

Die Regierungsfraktionen unterstützen die Bundesregierung. Die Fraktionsvorsitzenden sind jedoch nicht vom Kanzler und der Regierung abhängig. Jeder Kanzler ist auf die Unterstützung der Regierungsfraktionen angewiesen.

Auf einer langen Tradition beruht das Recht des Parlaments, Steuern und Abgaben zu bewilligen (Budgetrecht). Die Regierung legt jedes Jahr einen Haushaltsplan vor. Für die Oppositionsfraktionen bietet die mehrtägige Haushaltsdebatte eine günstige Gelegenheit, die Regierung öffentlich zu kritisieren und sich den Wählerinnen und Wählern vorteilhaft zu präsentieren.

Der Bundestag ist ein Arbeitsparlament. Wenn bei Debatten des Bundestags das Plenum nur schwach besetzt ist, heißt das noch lange nicht, dass die nicht anwesenden Abgeordneten nichts tun. Die Ausschuss- und Fraktionsarbeit, die Mitarbeit in Parteigremien und die „Pflege"

Der gestürzte Bundeskanzler Helmut Schmidt (r.) beglückwünscht am 1.10.1982 seinen Nachfolger Helmut Kohl (l.) zu dessen Wahl.

Die „Spitzen der Großen Koalition": Bundeskanzlerin Angela Merkel (CDU) im Gespräch mit dem SPD-Vorsitzenden Kurt Beck und CSU-Chef Edmund Stoiber (5.10.2006)

des Wahlkreis sowie die Kontakte zu den Medien erfordern viel Zeit und große Anstrengungen.

DIE BUNDESREGIERUNG

Die Bundesregierung besteht aus der Kanzlerin/dem Kanzler und den Bundesministern. Das Grundgesetz hat die Stellung des Kanzlers sehr gestärkt. Ein Kanzler kann nur dann vom Bundestag abgewählt werden, wenn sich die Abgeordneten zugleich auf einen neuen Kanzler einigen (konstruktives Misstrauensvotum). Ist also ein Politiker zum Kanzler gewählt, dann kann er sich seiner Position recht sicher sein. In der Geschichte der Bundesrepublik Deutschland ist bis jetzt nur Helmut Schmidt durch ein konstruktives Misstrauensvotum abgewählt und durch Helmut Kohl ersetzt worden.

Die anderen Rechte des Bundeskanzlers (Artikel 65 Grundgesetz: „Der Bundeskanzler bestimmt die Richtlinien der Politik ...“; Artikel 64 Grundgesetz: „Die Bundesminister werden auf Vorschlag des Bundeskanzlers vom Bundespräsidenten ernannt und entlassen“) verlieren in einer Koalitionsregierung an Bedeutung. Hier kann ein Kanzler nicht allein in einsamen Entscheidungen die Richtlinien festlegen, sondern er muss immer die Zustimmung der Koalitionspartner einholen.

Ein Minister steht an der Spitze eines Ministeriums. Er muss nicht unbedingt vom Fach sein, denn in einem Ministerium arbeiten zahlreiche hochqualifizierte Beamte, die ihr Aufgabengebiet hervorragend kennen und dem Minister zuarbeiten. Vom Minister hängt viel ab. Dynamische Politiker können über ihr Ministeramt allerhand bewirken. Sie bereiten neue Projekte

Die Stimmen im Bundesrat

Land	Einwohner in Millionen *	Stimmen im Bundesrat	Regierungs-parteien
Baden-Württemberg	10,75	6	CDU/FDP
Bayern	12,50	6	CSU
Berlin	3,41	4	SPD/PDS
Brandenburg	2,54	4	SPD/CDU
Bremen	0,66	3	SPD/Bündnis 90 / Die Grünen
Hamburg	1,76	3	CDU
Hessen	6,07	5	CDU
Mecklenburg-Vorpommern	1,69	3	SPD/CDU
Niedersachsen	7,99	6	CDU/FDP
Nordrhein-Westfalen	18,01	6	CDU/FDP
Rheinland-Pfalz	4,05	4	SPD
Saarland	1,04	3	CDU
Sachsen	4,23	4	CDU/SPD
Sachsen-Anhalt	2,43	4	CDU/SPD
Schleswig-Holstein	2,83	4	CDU/SPD
Thüringen	2,30	4	CDU

* Quelle Einwohnerzahlen: Statistisches Bundesamt, Stand: 30.06.2007

vor, werben dafür in der Öffentlichkeit und erarbeiten Vorlagen für Gesetze. In jeder Regierung gibt es Minister, die auffallen und die jeder kennt, und andere, die nur selten im Fernsehen zu sehen sind und über die kaum gesprochen wird.

DER BUNDESRAT

Der Bundesrat ist das Verfassungsorgan der 16 Bundesländer auf Bundesebene. Über den Bundesrat gestalten die Bundesländer die Politik des Bundes mit (Artikel 50 Grundgesetz).

Die Mitglieder des Bundestages werden vom Volk direkt gewählt; in den Bundesrat dagegen entsenden die 16 Bundesländer (bereits gewählte) Regierungsmitglieder. Je nach Bevölkerungszahl verfügt ein Bundesland im Bundesrat über drei bis sechs Stimmen. Wie ein Land seine Stimmen bei einer konkreten Abstimmung abgibt, wird in der Landesregierung festgelegt. Die Stimmen eines Landes müssen immer einheitlich abgegeben werden.

Gesetze, bei denen die Interessen der Bundesländer berührt werden, kann der Bundestag nicht allein verabschieden. Sie bedürfen der Zustimmung des Bundesrates. Besitzen nun die Parteien, die im Bundestag in der Opposition sind, im Bundesrat die Mehrheit, dann kann das den Gesetzgebungsprozess lähmen oder gar blockieren. Der Bundesrat ist aber kein Instrument der Opposition. Das Abstimmungsverhalten eines Bundeslandes im Bundesrat wird fast nie ausschließlich von parteipolitischen Überlegungen geleitet. In erster Linie gibt das Wohl des Landes den Ausschlag bei der Stimmabgabe. Über den Bundesrat können die Bundesländer auch in der Europäischen Union ihre Interessen geltend machen.

DER BUNDESPRÄSIDENT

An der Spitze des Staates steht der Bundespräsident, er ist das Staatsoberhaupt der Bundesrepublik Deutschland. Seine Amtszeit umfasst fünf Jahre. Gewählt wird der Bundespräsident von der Bundesversammlung, die sich aus den Bundestagsabgeordneten und ebenso vielen von den 16 Landesparlamenten gewählten Vertretern zusammensetzt. Er kann einmal wiedergewählt werden. Die Bundesversammlung tritt nur einmal alle fünf Jahre zusammen (am 23. Mai, dem Verfassungstag). Die einzige Aufgabe dieses Verfassungsorgans besteht in der Präsidentenwahl.

Der Bundespräsident steht über dem politischen Tagesgeschehen und nimmt an den parteipolitisch geprägten Auseinandersetzungen und Streitigkeiten der Politiker nicht teil. Er hat vor allem repräsentative Aufgaben, seine poli-

Die Bundespräsidenten der Bundesrepublik Deutschland

Theodor Heuss (FDP)

1949-1959

Heinrich Lübke (CDU)

1959-1969

Gustav Heinemann (SPD)

1969-1974

Walter Scheel (FDP)

1974-1979

Karl Carstens (CDU)

1979-1984

Richard von Weizsäcker (CDU)

1984-1994

Roman Herzog (CDU)

1994-1999

Johannes Rau (SPD)

1999-2004

Horst Köhler (CDU)

seit 2004

tischen Kompetenzen sind gering. Bisher ist es allen Bundespräsidenten mit ihren Reden und ihrem Auftreten gelungen, das Zusammengehörigkeitsgefühl der Menschen in Staat und Gesellschaft zu festigen. Alle Präsidenten haben es verstanden, die Bedeutung von Menschenwürde und Grundrechten in der Öffentlichkeit wach zu halten. Unvergessen ist die Rede Richard von Weizsäckers 1985 anlässlich des 40. Jahrestages der deutschen Kapitulation. Aber auch die Rede von Johannes Rau auf der Trauerfeier nach dem Amoklauf in einer Erfurter Schule gehört zu den Höhepunkten der politischen Kultur in Deutschland.

Schloss Bellevue, Sitz des Bundespräsidenten, während des Bundespräsidentenfestes am 6.7.2006

Der Zweite Senat des Bundesverfassungsgerichts in Karlsruhe während einer mündlichen Verhandlung (18.4.2007)

DAS BUNDESVERFASSUNGSGERICHT

Ein Fußballspiel, in dem beide Mannschaften leidenschaftlich und mit aller Härte um den Sieg kämpfen, würde ohne Regeln und ohne Schiedsrichter rasch in eine allgemeine Schlägerei ausarten. In der Politik der Bundesrepublik Deutschland setzt das Grundgesetz die Regeln fest, nach denen die Politiker im Bundestag, im Bundesrat und in der Bundesregierung um die Mehrheit streiten. Das Bundesverfassungsgericht (BVerfG) mit Sitz in Karlsruhe wacht darüber, dass diese Regeln auch beachtet werden. Das BVerfG übt die Kontrolle darüber aus, dass die Bindung an die Verfassung eingehalten wird und die grundrechtlich geschützten Freiheiten der Bürgerinnen und Bürger vom Staat nicht angetastet werden. In der Geschichte der Bundesrepublik ist das Bundesverfassungsgericht diesen Aufgaben in hohem Maße gerecht geworden und genießt deshalb in der ganzen Gesellschaft ein großes Ansehen.

Das BVerfG entscheidet bei Streitigkeiten zwischen den einzelnen Verfassungsorganen. Auf Antrag kann es eine politische Partei auf ihre Verfassungstreue überprüfen und sie bei Feststellung ihrer Verfassungswidrigkeit verbieten. Ferner prüft es auf Antrag die Vereinbarkeit eines Gesetzes mit der Verfassung. Hier ist eine Entwicklung eingetreten, die das BVerfG in den Augen vieler Bürgerinnen und Bürger zu einer Art Ersatzgesetzgeber werden ließ: Unterliegt im Bundestag die Opposition bei der Abstimmung über ein Gesetzesvorhaben der Regierungsmehrheit, dann braucht sie sich noch nicht geschlagen zu geben, sondern kann in „Karlsruhe" den Antrag zur Überprüfung der Übereinstimmung des Gesetzes mit der Verfassung stellen und darauf hoffen, dass so das Gesetz zu Fall gebracht wird. Weil von dieser Möglichkeit in den letzten Jahren relativ häufig Gebrauch gemacht wurde, entstand der Eindruck, das Bundesverfassungsgericht in Karlsruhe regiere als eine Art Ersatzgesetzgeber mit. Sieht sich eine Bürgerin oder ein Bürger durch den Staat in ihren/seinen Grundrechten verletzt, dann kann sie/er beim BVerfG Verfassungsbeschwerde einlegen. Davon sollte nicht leichtfertig Gebrauch gemacht werden. Wird der Antrag als offenkundig unwichtig eingestuft, muss der Antragsteller eine Gebühr bezahlen.

Fahnen der Mitgliedsstaaten wehen vor dem Europaparlament in Straßburg.

ORGANE DER EUROPÄISCHEN UNION

Wir sind nicht nur Bürger der Bundesrepublik Deutschland, sondern auch Bürger der EU. Zu unserer Rolle als Europäer gehört, dass wir nicht mehr allein von Berlin aus, sondern auch von Brüssel und Straßburg aus regiert werden. Wie das geschieht, ist nicht ganz leicht durchschaubar. Den politischen Handlungsrahmen, den das Grundgesetz geschaffen hat, zu verstehen, fällt schon schwer. Wie soll man zusätzlich noch einen Überblick über das europäische Institutionengefüge gewinnen, das so kompliziert und unübersichtlich ist?

Die Zukunft der EU hängt aber nicht allein vom Bürgerwissen über Europa ab. Viel wäre gewonnen, wenn wir Bürgerinnen und Bürger unsere Zugehörigkeit zur Europäischen Union mehr verinnerlichen würden. So wie es für uns ganz

Euro-Skulptur vor der Europäischen Zentralbank in Frankfurt/M.

selbstverständlich ist, uns als Berliner, Sachse oder Bayer und zugleich als Bundesbürger zu fühlen, so muss uns unsere Zugehörigkeit zur Europäischen Union in Fleisch und Blut übergehen. Zur Beschäftigung mit Politik gehört nicht nur die nationale, sondern auch die europäische Brille.

Rechte und Pflichten

Wer hört schon gern, es gebe in unserer Demokratie Rechte und Pflichten? Psychologisch fühlt man sich eher durch die Pflichten berührt und ins Zentrum der Betrachtung rücken schnell die Steuern, die man zu entrichten hat.

Der Staat braucht Geld, um die vielfältigen Aufgaben zu erfüllen. Die meisten Menschen gehen ganz selbstverständlich davon aus, dass es Wasser und Strom gibt, dass man auf ordentlichen Straßen fahren kann, dass Schulen zur Verfügung stehen, dass man sich relativ sicher fühlen kann. Weil das alles als normal gilt, wird nicht immer berücksichtigt, wie viel Geld das alles kostet. Erst, wenn es einmal eine Panne gibt, wenn zum Beispiel der Strom nur für kurze Zeit ausfällt, wird uns bewusst, dass wir Geld dafür zahlen müssen, wenn wir eine gute Infrastruktur haben wollen.

Bei gründlichem Nachdenken wird klar, dass in einem demokratisch aufgebauten Staat nicht die Pflichten im Vordergrund stehen, sondern die Rechte, die jede und jeder hat. Rechte und Pflichten stehen nicht im Gleichgewicht, sondern die allen zur Verfügung stehenden Möglichkeiten übersteigen die Pflichten bei weitem. Das muss auch so sein, weil der Staat um der Menschen willen da ist und nicht umgekehrt. Darum sagt auch das Grundgesetz nur wenig zu den Pflichten.

Die Eltern haben die Pflicht zur Erziehung ihrer Kinder. Es gibt eine Wehrpflicht (und einen Ersatzdienst). Wir haben die Verpflichtung, unser Eigentum auch zum Wohl der Allgemeinheit einzusetzen. Und es gibt die Pflicht, sich an die im Parlament verabschiedeten Gesetze zu halten.

Was wir alles nicht tun müssen

Man kann gar nicht kurz zusammenfassen, was wir alles nicht tun müssen. Wir müssen nicht arbeiten und Geld verdienen. Wir sind nicht einmal verpflichtet, uns politisch zu informieren. Schon gar nicht müssen wir uns politisch betätigen. Die Politikerinnen und Politiker müssen wir nicht gut finden. Wir brauchen niemandem gegenüber Rechenschaft abzulegen, wie wir unser Leben gestalten und unsere Freizeit verbringen.

Wir brauchen nicht einmal wählen zu gehen, obwohl es ein historisch langer und steiniger Weg war, bis das Wahlrecht für alle erkämpft war. Heute gibt es Kommunal-, Landtags- und Europawahlen, an denen kaum noch jeder Zweite teilnimmt. Bei Bürgermeisterwahlen sank die Teilnahme an Wahlen sogar schon unter 30 Prozent. Obwohl diese Befunde zu denken geben, zeichnet sich unsere demokratische Ordnung vor allem durch den Grundsatz der *Freiheit* aus. Möglichst wenige Verpflichtungen und Zwänge! Die Menschen sollen ein hohes Maß von Selbstbestimmung und eigener Verantwortung haben. Nur eine mögliche Schädigung anderer Menschen hindert den Einzelnen, alles zu tun, was er will.

Freiheit zu etwas

Die Freiheit ist freilich nicht nur ein Schutz gegenüber möglichen Übergriffen von Staat oder Gesellschaft, sondern sie ist vor allem eine *Freiheit zu etwas*, letztlich zur eigenverantwortlichen Lebensgestaltung. Wer aus dieser Freiheit nichts macht, lässt das größte Gut, das er hat, verkümmern. Wenn das viele tun, wird es für die Gesellschaft bedenklich.

Es gibt also keinen Zwang und keine rechtliche Verpflichtung, seine Freiheit in einer ganz bestimmten Weise zu gestalten. Es gibt allerdings die Hoffnung und Erwartung, dass die

Einzelnen ihre Freiheit so nutzen, dass die allgemeinen Belange mit berücksichtigt werden. Deshalb sollten möglichst viele zum Beispiel an Wahlen teilnehmen, auch wenn die Teilnahme keine rechtliche Verpflichtung darstellt.

Was nützt Freiheit ohne Geld?

Nun gibt es den Einwand, dass Freiheit nur wenig Wert habe, wenn sie materiell nicht untermauert sei. Was hilft die Reisefreiheit, wenn jemand kein Geld zum Reisen hat? Das ist ein Dilemma, das sich nur zum Teil beheben lässt. Würde der Staat dafür Sorge tragen, dass alle Bürgerinnen und Bürger gleich viel Geld hätten, dann müsste er so stark in die Freiheit der Einzelnen eingreifen, dass am Schluss die Freiheit ganz verschwunden wäre.

Gleich müssen die Bürgerinnen und Bürger nur vor dem Gesetz und bei der politischen Beteiligung sein. Das ist wichtig. Wenn ein Minister schneller mit dem Auto fährt, als es die Straßenverkehrsordnung erlaubt, muss er wie jeder andere auch zur Verantwortung gezogen werden. Aber in anderen Punkten unterscheiden sich die Menschen sehr, auch eine Frucht der freiheitlichen Ordnung.

Wenn nun aber Menschen in Not geraten und sich selbst nicht mehr helfen können, muss die Gemeinschaft einspringen, um ihnen ein Leben in Würde zu garantieren. Sonst wäre ja der Leitstern unserer Verfassung, die Menschenwürde, nicht viel wert, wenn hilflose Menschen ihrem Schicksal überlassen blieben. Trotz aller Bedeutung, die unser Grundgesetz dem Einzelnen zuschreibt, muss soviel Solidarität in der Gesellschaft vorhanden sein. Damit der Grundwert

Straßenschild in Berlin

Freiheit nicht mit Beliebigkeit verwechselt wird, muss unsere Gesellschaft das *Streben nach Gerechtigkeit und Solidarität* in den Mittelpunkt stellen. Das heißt ganz konkret, dass starke Schultern mehr zu tragen haben als schwache. Man wird nie exakt umreißen können, wann wirklich überall in der Gesellschaft menschenwürdige Zustände herrschen, aber das ehrliche Ringen um Gerechtigkeit und Solidarität zeichnet eine freiheitliche Gesellschaft aus.

Keine Freiheit ohne äußeren und inneren Frieden

Die Freiheit würde auch nicht viel nützen, wenn wir nach außen und im Innern keinen Frieden hätten. Der Staat tut viel dazu, Sicherheit auch im Innern zu gewährleisten, weil Unsicherheit und Angst die Freiheit erschüttern können. Freilich kann es keine totale Sicherheit geben, weil auch das nur auf Kosten von Freiheit zu haben wäre. Es ist verständlich, dass um die bedeutsame Frage „mehr Sicherheit oder mehr Freiheit?“ in unserer Gesellschaft immer wieder heftig gestritten wird.

Was sind uns Freiheit, Solidarität, Gerechtigkeit und Frieden wert?

Wir sehen also, dass die Demokratie großartige Werte bereithält, die das Leben lebenswerter machen. Die demokratische Ordnung bietet Freiheit, Solidarität, Gerechtigkeit und Frieden an; nicht zum Nulltarif, doch das Angebot ist überaus günstig.

Im demokratischen Rechtsstaat stehen nicht Rechte und Pflichten einander gegenüber, sondern im Idealfall füllen die Bürgerinnen und Bürger die gewährten Freiheiten so selbstständig und verantwortlich aus, dass die demokratische Ordnung nicht als Bürde erscheint, sondern vielmehr aus Menschen besteht, die sie selbst ausgestalten und tragen. Und je mehr dabei mitmachen – desto besser! ←

„Die ***Würde*** des Menschen ist ***unantastbar.***“

Abbildungsnachweis

Fotos

Associated Press: 71, 138

Getty Images: Umschlag, 9

Imago: 84/85, 89, 146/147, 161

Picture-alliance/dpa:
5, 6/7, 10, 11, 12, 14, 15, 16, 17, 25, 26, 27, 28, 30, 31, 33, 39, 48, 55, 62, 65, 67, 69, 73, 77, 78/79, 81, 82, 87, 90, 91, 95, 99, 100/101, 103, 104, 104/105, 106, 109, 111, 115, 116/117, 125, 127, 128, 130, 132, 133, 134/135, 136, 140, 141, 142, 145, 148, 150, 152, 153, 154, 156, 157

Barbara Klemm: 112

Landeszentrale für politische Bildung Baden-Württemberg: 120

Karikaturen

Holger Appenzeller: 162

Paul Lebowsky: 34/35

Markus, Picture Press: 96

Gerhard Mester: 8, 36/37, 59, 102

Burkhard Mohr: 21, 64

Felix Mussil: 13

Thomas Plaßmann: 50, 52

Klaus Stuttmann: 32, 41, 44/45, 93

Peter Thulke: 58

Freimut Woessner: 20

Grafiken/Schaubilder

dpa-Grafik: 57, 63, 66

Erich Schmidt Zahlenbilder: 80

Globus Infografik: 42, 47

Landeszentrale für politische Bildung Baden-Württemberg: 19

Stuttgarter Nachrichten (dpa, AFP, IEA): 60/61

Die Autoren

Dr. h.c. Siegfried Schiele (*1939)

war von 1976 bis 2004 Direktor der Landeszentrale für politische Bildung Baden-Württemberg. Demokratie lebt von politischer Beteiligung, daher braucht Demokratie politische Bildung. Dieser Forderung hat Siegfried Schiele sein berufliches Dasein gewidmet. Die Beutelsbacher und Bad Uracher Fachgespräche und die zahlreichen von ihm herausgegebenen Bände und Zeitschriften aus der Landeszentrale haben der Didaktik der politischen Bildung in der Bundesrepublik Deutschland wichtige Anstöße gegeben. Der Name Schiele ist untrennbar mit dem Beutelsbacher Konsens verbunden, der bis heute eine wichtige Orientierungsmarke für politische Bildung darstellt.

Dr. phil. Gotthard Breit (*1941)

war von 1994 bis 2007 Professor für Didaktik des Politikunterrichts an der Otto-von-Guericke-Universität Magdeburg. Zur politischen Bildung kam er über die Zeitgeschichte. Seine Arbeitsschwerpunkte sind die Planung von Politikunterricht, Unterrichtsmodelle und -materialien sowie Hilfen für den Aufbau des Politikunterrichts in den neuen Bundesländern. Seit 1997 arbeitet er eng mit Siegfried Schiele zusammen. Er ist Mitherausgeber der Zeitschrift *politische bildung* und hat zahlreiche Beiträge zur politischen Bildung veröffentlicht.